Sara Bells

Emoções em Harmonia
Superando a Ansiedade com Sabedoria

Título Original: Emoções em Harmonia
Copyright © 2024 por Luiz Antonio dos Santos e Virginia Moreira dos Santos
Todos os direitos reservados a Booklas.com
Este livro é destinado ao desenvolvimento pessoal e espiritual. As informações e práticas descritas são baseadas em estudos, conhecimentos tradicionais e experiências de autores e especialistas da área. Este conteúdo não substitui aconselhamento médico ou terapias convencionais, sendo um recurso complementar para bem-estar e crescimento pessoal.
Editor
Luiz Antonio dos Santos
Revisão de Texto
Ana Moreira
Carlos Silva
Joana Mendes
Design Gráfico e Diagramação
Marina Oliveira
Capa
Estúdio Booklas / Thiago Alves

Emoções em Harmonia / Por Sara Bells
Booklas, 2024
Desenvolvimento Pessoal. 2. Crescimento Espiritual. 3. Saúde Holística.
I. Silva, Carlos. II. Dias, Claudia. III. Título.
DDC: 158.1
CDU: 159.9

Todos os direitos reservados por
Editora Booklas
Rua José Delalíbera, 962
86.183-550 – Cambé – PR
Email: suporte@booklas.com
www.booklas.com

Sumário

Prólogo 5
Capítulo 1 O Que é Ansiedade 7
Capítulo 2 A Origem da Ansiedade 10
Capítulo 3 Introdução à Constelação Familiar 13
Capítulo 4 Emoções e Herança Familiar 17
Capítulo 5 Raízes da Ansiedade 22
Capítulo 6 Medo e Vulnerabilidade 26
Capítulo 7 Tristeza Oculta 31
Capítulo 8 Raiva e Conflitos Internos 36
Capítulo 9 Culpa e Autojulgamento 41
Capítulo 10 O Que São Lealdades Invisíveis 46
Capítulo 11 Ansiedade e Lealdade Familiar 51
Capítulo 12 Carga Emocional dos Antepassados 56
Capítulo 13 Quebrando Padrões Familiares 61
Capítulo 14 Reconciliação com o Passado 66
Capítulo 15 Identificando a Raiva 70
Capítulo 16 Origem da Raiva 75
Capítulo 17 Impacto da Raiva Não Resolvida 79
Capítulo 18 Liberação da Raiva 84
Capítulo 19 As Quatro Raízes da Tristeza 88
Capítulo 20 Tristeza Herdada 92
Capítulo 21 Reconhecendo a Tristeza 97
Capítulo 22 Curando a Tristeza 101
Capítulo 23 O Peso da Culpa 105
Capítulo 24 Culpas Herdadas 110
Capítulo 25 Livrando-se da Culpa 114

Capítulo 26 Mindfulness para Ansiedade 119
Capítulo 27 Técnicas de Respiração 123
Capítulo 28 Meditação Guiada 128
Capítulo 29 Exercícios de Autoafirmação 133
Capítulo 30 Desconstruindo Crenças Limitantes.................... 137
Capítulo 31 Reconhecendo Suas Necessidades 141
Capítulo 32 Aceitando Suas Emoções 146
Capítulo 33 O Poder do Perdão.. 150
Capítulo 34 Reconstruindo Relacionamentos 154
Capítulo 35 Criando Novos Padrões.. 158
Capítulo 36 Redefinindo Sua Identidade 162
Capítulo 37 Cultivando Resiliência 166
Capítulo 38 A Importância do Apoio....................................... 170
Capítulo 39 Celebrando Suas Conquistas 174
Capítulo 40 Integração das Lições 178
Capítulo 41 Deixando um Legado 182
Capítulo 42 Um Caso de Ansiedade 186
Capítulo 43 Superando a Culpa 190
Capítulo 44 Confrontando a Raiva... 194
Capítulo 45 A Tristeza e Suas Raízes 198
Capítulo 46 Lealdades Invisíveis Reveladas........................... 202
Capítulo 47 Aplicação das Técnicas 206
Capítulo 48 A Força do Perdão.. 211
Capítulo 49 Transformação Duradoura................................... 215
Capítulo 50 Sua Jornada de Cura... 219
Epílogo 223

Prólogo

O que você sente quando enfrenta a vastidão de sua mente? Não falo dos pensamentos cotidianos que fluem como um rio previsível, mas das correntes ocultas, dessas que, às vezes, o arrastam sem aviso. Existe algo pulsando aí dentro, algo que talvez você não tenha nomeado, mas que tem moldado o seu caminhar. Uma inquietação, uma força invisível que transforma noites em labirintos e dias em desafios intermináveis.

Esta jornada que está prestes a iniciar não é um simples encontro com palavras. É uma exploração de camadas que você pode nunca ter ousado desbravar. Ela foi escrita para você, exclusivamente para você. Porque há muito mais no que sente do que pode parecer à primeira vista. Por trás das sensações de aperto, dos batimentos que aceleram, do silêncio incômodo de uma sala lotada, há mensagens, ecos de vivências, heranças de histórias que precedem sua própria existência.

E se tudo o que você acredita saber sobre o medo, a ansiedade e o controle fosse apenas a ponta de algo muito maior? E se as emoções que o desafiam fossem, na verdade, sinais de uma sabedoria adormecida, um chamado para que você olhe para dentro? Este livro não é uma simples leitura; é um guia para desvendar os mistérios que você carrega. Não como algo a ser eliminado, mas como uma oportunidade de transformação.

A ansiedade, muitas vezes temida e rejeitada, é aqui apresentada como uma aliada. Ela é o farol que ilumina aquilo que você precisa enxergar, mas tem evitado. O convite, neste momento, é para que você não resista, mas se permita ir além da superfície. Ao mergulhar nas próximas páginas, você não encontrará respostas prontas, mas ferramentas para moldar suas próprias. Verá como padrões que acreditava serem fixos podem ser questionados, como emoções consideradas incontroláveis podem, na verdade, ser compreendidas e até mesmo integradas.

Cada capítulo é como uma chave que abre portas para territórios inexplorados de sua mente e alma. Você perceberá que a ansiedade não é um vilão isolado, mas um mosaico composto por medo, tristeza, raiva, culpa e lealdades invisíveis. E ao enxergar essas peças, poderá reorganizá-las para que sirvam a você, em vez de dominá-lo.

Prepare-se para se encontrar, talvez pela primeira vez, com a totalidade de quem você é. Pois não há partes suas que sejam indignas de amor ou atenção. Cada sensação, cada pensamento que o assombra é, na verdade, um convite para descobrir o que está por trás do véu. E ao atravessar essas páginas, algo começará a mudar em você. Não porque o livro impõe, mas porque ele revela.

Esta não é apenas uma leitura. É um pacto, entre você e as verdades que ainda estão por emergir. Aceitar esse pacto é aceitar o desafio de se conhecer profundamente, e talvez, pela primeira vez, viver em paz com tudo o que você é.

Capítulo 1
O Que é Ansiedade

A ansiedade surge como um visitante incômodo, batendo à porta da mente sem aviso prévio. Ela se apresenta de formas tão variadas que, muitas vezes, torna-se difícil defini-la com clareza. Para alguns, é uma pressão constante no peito, como uma tempestade prestes a explodir. Para outros, é um pensamento incessante, repetitivo, que se recusa a ser silenciado. Sua presença é um lembrete de algo que parece estar fora do lugar, mesmo que não se saiba exatamente o que.

No plano físico, a ansiedade não é tímida. Ela se manifesta através de batimentos cardíacos acelerados, respiração superficial, mãos suadas e músculos tensionados. É como se o corpo inteiro estivesse em alerta máximo, preparado para enfrentar um perigo que pode nem mesmo existir. Essa reação, conhecida como "lutar ou fugir", é uma herança evolutiva que nos ajudou a sobreviver a ameaças reais. No entanto, quando o perigo é imaginário ou amplificado, o mesmo mecanismo se torna um fardo, drenando energia e obscurecendo a clareza mental.

Emocionalmente, a ansiedade carrega um peso que pode parecer insuportável. Há um senso de inquietação, como se algo terrível estivesse prestes a acontecer, mesmo que o presente seja, aparentemente, seguro. Essa antecipação de desastres futuros pode se infiltrar na rotina diária, afetando decisões, relacionamentos e até mesmo a capacidade de experimentar alegria. É como viver sob a sombra de uma nuvem escura, incapaz de enxergar o céu azul logo acima.

A ansiedade não é uma emoção isolada; ela é um mosaico complexo de sentimentos interligados. Medo, preocupação, incerteza, vergonha e até tristeza frequentemente se misturam, criando um emaranhado difícil de desfazer. Cada emoção que contribui para a ansiedade tem sua própria história, suas próprias raízes, mas juntas elas formam um impacto profundo e, às vezes, debilitante.

Uma das características mais frustrantes da ansiedade é a sua capacidade de infiltrar-se na vida cotidiana. Ela pode transformar momentos simples, como ir ao supermercado ou participar de uma conversa casual, em desafios esmagadores. Para alguns, a ansiedade é como uma corrente que os impede de avançar; para outros, é uma força invisível que os empurra para frente de forma descontrolada, incapazes de desacelerar. Em ambos os casos, o resultado é um desequilíbrio que afeta a qualidade de vida.

Há também o impacto social da ansiedade, uma dimensão muitas vezes negligenciada. Aqueles que sofrem com ela frequentemente sentem vergonha de expressar suas dificuldades, temendo o julgamento ou a incompreensão dos outros. Isso pode levar ao isolamento, agravando ainda mais os sintomas. Por outro lado, a ansiedade também pode ser uma máscara, escondendo-se por trás de um sorriso ou de um comportamento aparentemente calmo, tornando difícil para os outros reconhecer o sofrimento interno.

No entanto, apesar de sua natureza desafiadora, a ansiedade também tem um propósito. Ela é um sinal, um alerta de que algo dentro de nós precisa de atenção. Talvez seja uma necessidade não atendida, um trauma não resolvido ou um medo que nunca foi enfrentado. Quando vista sob essa luz, a ansiedade pode ser transformada de inimiga em aliada, uma mensageira que nos guia em direção à cura e ao autoconhecimento.

A compreensão da ansiedade começa com a aceitação de que ela faz parte da experiência humana. Todos, em algum momento, enfrentam essa emoção, seja de forma breve ou prolongada. Reconhecer sua presença é o primeiro passo para desmistificá-la e começar a explorar suas causas e soluções.

Além disso, é crucial entender que a ansiedade não define quem somos. Ela é uma experiência, não uma identidade. Separar-se dela, ainda que metaforicamente, é um ato de empoderamento. Isso nos permite observar a ansiedade como algo transitório, uma onda que vem e vai, em vez de um estado permanente.

Outro aspecto fundamental para entender a ansiedade é o impacto que ela tem na saúde mental e física. A exposição prolongada a altos níveis de ansiedade pode levar a condições como insônia, depressão e até mesmo doenças cardiovasculares. O corpo, sob o estresse constante, entra em um estado de exaustão que compromete o sistema imunológico e outras funções vitais. Reconhecer esses efeitos é essencial para tratar a ansiedade não apenas como um problema psicológico, mas também como uma questão de bem-estar geral.

Embora a ansiedade possa parecer avassaladora, existem muitas maneiras de abordá-la. Desde práticas simples, como respiração consciente, até terapias mais profundas, como a constelação familiar, o caminho para lidar com a ansiedade é único para cada indivíduo. No entanto, o ponto de partida é sempre o mesmo: um compromisso consigo mesmo de enfrentar o que está oculto e buscar equilíbrio.

Na próxima vez que a ansiedade surgir, tente vê-la com curiosidade, em vez de resistência. O que ela está tentando dizer? Que necessidades estão sendo ignoradas? Que emoções estão pedindo para ser reconhecidas? Quando abordada com essa mentalidade, a ansiedade deixa de ser apenas um fardo e se torna uma oportunidade para o crescimento pessoal.

Cada passo dado na jornada para entender a ansiedade é um passo em direção a uma vida mais plena. Através da exploração de suas raízes, manifestações e impacto, podemos começar a desvendá-la e, eventualmente, encontrar um caminho para viver com mais tranquilidade e clareza. Essa é a promessa do autoconhecimento: transformar o que nos desafia em uma ferramenta para nossa própria evolução.

Capítulo 2
A Origem da Ansiedade

A ansiedade, em toda a sua complexidade, é raramente um fenômeno isolado. Suas origens se entrelaçam em uma teia de experiências pessoais, memórias coletivas e influências culturais. Ela não surge do nada; é cultivada em terreno fértil, onde o passado, o presente e até mesmo a herança de gerações anteriores convergem.

As experiências da infância muitas vezes desempenham um papel fundamental no desenvolvimento da ansiedade. Momentos de insegurança, rejeição ou abandono podem plantar sementes que, com o tempo, crescem e se transformam em uma sensação persistente de vulnerabilidade. Por exemplo, uma criança que cresce em um ambiente instável, onde o amor parece condicional ou as emoções são reprimidas, aprende a estar constantemente em alerta. Essa hiper-vigilância, útil em um ambiente imprevisível, pode se tornar um hábito arraigado que persiste mesmo quando o perigo já não é iminente.

Da mesma forma, os padrões familiares têm uma influência marcante. Os comportamentos e crenças transmitidos de pais para filhos formam o alicerce sobre o qual a percepção do mundo é construída. Se a família enfrenta ansiedade de forma recorrente — seja através de preocupações excessivas, medos ou expectativas rígidas — essas respostas tornam-se parte do "manual de sobrevivência" da criança. Ela absorve esses padrões como uma verdade inquestionável, carregando-os para a vida adulta.

As lealdades invisíveis desempenham um papel sutil, mas poderoso, nessa transmissão. Sem saber, muitos se sentem compelidos a carregar as dores ou preocupações de gerações anteriores como forma de honrar a família. Esse fenômeno, que será explorado mais a fundo em capítulos posteriores, frequentemente manifesta-se como ansiedade. Um exemplo seria alguém que se sente responsável por garantir a segurança emocional de todos ao seu redor, um reflexo de histórias familiares de perda ou sofrimento.

Além das influências familiares, as experiências traumáticas ao longo da vida moldam as bases da ansiedade. Um trauma, seja ele grande ou pequeno, deixa marcas no sistema nervoso. Imagine um acidente de carro, um rompimento inesperado ou até mesmo um comentário depreciativo em um momento vulnerável. Esses eventos podem criar associações subconscientes entre situações específicas e sensações de perigo, desencadeando reações ansiosas mesmo anos depois. O trauma, quando não tratado, perpetua-se através de gatilhos que parecem surgir do nada, mas têm suas raízes profundamente cravadas no passado.

Não podemos ignorar o impacto da cultura na formação da ansiedade. Vivemos em um mundo que valoriza a produtividade, o sucesso e a perfeição. Esse ritmo frenético, combinado com pressões sociais e expectativas irreais, alimenta um estado constante de comparação e medo do fracasso. A necessidade de estar sempre "no controle" ou de alcançar padrões inalcançáveis cria uma tensão interna que é a base perfeita para a ansiedade florescer.

Dentro desse contexto cultural, a tecnologia desempenha um papel ambíguo. Por um lado, ela nos conecta e fornece recursos valiosos; por outro, nos mantém em alerta constante. A enxurrada de notificações, notícias e comparações sociais cria uma sensação de urgência incessante. Mesmo em momentos de descanso, a mente muitas vezes continua presa a essa dinâmica, incapaz de desacelerar completamente.

Há, também, uma dimensão biológica a ser considerada. Estudos mostram que fatores genéticos podem predispor algumas pessoas à ansiedade. Um sistema nervoso mais sensível ou a química cerebral desregulada podem tornar certas pessoas mais propensas a respostas exageradas ao estresse. Contudo, esses fatores genéticos não agem isoladamente. Eles interagem com o ambiente e as experiências de vida, moldando como a ansiedade se manifesta.

Curiosamente, o corpo e a mente parecem guardar uma memória integrada. Algumas ansiedades não têm origem em pensamentos conscientes, mas sim em sensações corporais ou reflexos inconscientes. É como se o corpo lembrasse de situações ameaçadoras, mesmo quando a mente consciente já as esqueceu. Essa conexão corpo-mente reforça a importância de abordar a ansiedade de maneira holística, reconhecendo que ela não reside apenas no campo mental, mas também no físico e emocional.

Outro aspecto fascinante das origens da ansiedade é como ela pode ser influenciada por ciclos de vida e transições. Momentos de mudança — como a adolescência, a maternidade, mudanças de carreira ou envelhecimento — podem trazer à tona medos latentes e inseguranças. Essas fases, embora naturais, exigem adaptações significativas que podem sobrecarregar a mente e o corpo, desencadeando respostas ansiosas.

É essencial reconhecer que as raízes da ansiedade não são apenas individuais, mas também coletivas. Vivemos em uma época marcada por incertezas globais — crises econômicas, mudanças climáticas e tensões sociais — que amplificam o sentimento de insegurança. Essas preocupações coletivas podem se infiltrar na psique pessoal, criando um pano de fundo de ansiedade difusa que, embora difícil de identificar, é profundamente sentida.

Explorar a origem da ansiedade é como seguir um fio emaranhado até sua fonte. Cada camada revela uma nova perspectiva, um novo entendimento sobre por que sentimos o que sentimos. Essa jornada, embora desafiadora, é crucial para começar a desfazer os nós que nos prendem. Afinal, compreender de onde vem a ansiedade é o primeiro passo para transformá-la.

Capítulo 3
Introdução à Constelação Familiar

A ansiedade, com suas muitas camadas e nuances, frequentemente esconde dinâmicas ocultas que vão além do indivíduo. Para compreender suas raízes mais profundas, é necessário olhar para além da experiência pessoal e considerar o sistema maior do qual fazemos parte: a família. É nesse contexto que surge a constelação familiar, uma abordagem terapêutica que ilumina os laços invisíveis e as lealdades inconscientes que moldam nossas emoções e comportamentos.

A constelação familiar foi desenvolvida pelo terapeuta alemão Bert Hellinger, que passou décadas estudando as complexas interações entre membros da família. Sua principal descoberta foi que, dentro de cada sistema familiar, existem forças ocultas que influenciam a maneira como vivemos e sentimos. Essas forças podem ser entendidas como ordens ou dinâmicas sistêmicas, que buscam equilíbrio e pertencimento, muitas vezes à custa do bem-estar emocional dos indivíduos.

Uma dessas dinâmicas é a tendência de assumir "cargas" emocionais que não pertencem a nós. Por exemplo, uma pessoa pode sentir uma ansiedade persistente sem compreender sua origem, apenas para descobrir, através da constelação familiar, que está inconscientemente carregando a culpa ou o medo de um antepassado. Esse fenômeno ocorre porque, em um sistema familiar, há um desejo intrínseco de lealdade e conexão. Mesmo sem intenção consciente, muitas pessoas carregam os pesos emocionais de seus ancestrais como uma forma de manter a harmonia do sistema.

A metodologia da constelação familiar é, por si só, fascinante. Em um ambiente terapêutico, um indivíduo — chamado de cliente — apresenta uma questão, como ansiedade ou um padrão emocional recorrente. O terapeuta, então, ajuda a montar uma representação simbólica do sistema familiar, muitas vezes com a ajuda de outros participantes ou objetos representativos. Esses elementos são colocados no espaço de forma intuitiva, revelando relações, tensões e padrões ocultos que muitas vezes estão fora da percepção consciente.

Um dos aspectos mais surpreendentes da constelação familiar é a maneira como ela acessa informações profundas e inconscientes. Os representantes, mesmo sem conhecer os detalhes da família do cliente, frequentemente relatam sentimentos, sensações ou pensamentos que refletem a dinâmica emocional do sistema familiar. Isso sugere que há uma espécie de campo de energia ou memória coletiva que conecta os membros de uma família, vivos ou falecidos.

A constelação familiar também trabalha com o conceito de pertencimento, uma necessidade fundamental de todo ser humano. Em um sistema familiar, cada membro tem um lugar, independentemente de sua história ou comportamento. No entanto, quando alguém é excluído ou esquecido — como no caso de um parente que cometeu erros graves ou foi vítima de tragédias —, esse equilíbrio é perturbado. Muitas vezes, outro membro da família, inconscientemente, tenta "representar" ou compensar a exclusão, assumindo características, emoções ou destinos semelhantes.

Por exemplo, uma pessoa que luta com uma ansiedade inexplicável pode descobrir, em uma constelação, que está conectada ao sofrimento de um avô que enfrentou grandes perdas ou traumas. Ao reconhecer e reintegrar esse membro ao sistema familiar, o cliente pode experimentar uma libertação emocional, como se o peso que antes carregava finalmente tivesse encontrado seu lugar legítimo.

Além disso, a constelação familiar ajuda a identificar o impacto de eventos traumáticos no sistema. Guerras, perdas, abusos e outros eventos significativos deixam marcas emocionais que podem ser transmitidas por gerações. Essas experiências criam ondas no sistema familiar, e os descendentes muitas vezes sentem os efeitos dessas ondas em forma de ansiedade, medo ou outros padrões emocionais. A constelação não apaga o passado, mas permite que ele seja reconhecido e honrado, trazendo clareza e cura para o presente.

Outro conceito essencial na constelação familiar é o da hierarquia. Em um sistema saudável, há uma ordem natural, onde os mais velhos têm precedência sobre os mais jovens, e os pais ocupam um lugar de autoridade em relação aos filhos. Quando essa ordem é invertida — como quando um filho tenta cuidar emocionalmente de um pai ou assume responsabilidades que não são suas —, isso pode gerar desequilíbrios que levam à ansiedade e outros desafios emocionais. A constelação ajuda a restaurar essa ordem, permitindo que cada membro ocupe seu lugar legítimo.

A beleza da constelação familiar está em sua simplicidade e profundidade. Muitas vezes, apenas ver as dinâmicas representadas de forma tangível já é suficiente para provocar um insight transformador. Essa abordagem nos convida a olhar para a ansiedade não como um problema isolado, mas como um sintoma de algo maior, algo enraizado em histórias e conexões que atravessam o tempo.

Entretanto, é importante ressaltar que a constelação familiar não busca culpados. Não se trata de apontar o dedo para pais, avós ou ancestrais como responsáveis pelos desafios que enfrentamos. Pelo contrário, essa abordagem promove a compaixão e o entendimento, reconhecendo que todos, em algum momento, fizeram o melhor que podiam com os recursos que tinham. Ao honrar essa verdade, podemos começar a liberar as lealdades invisíveis que nos mantêm presos e encontrar um caminho para a liberdade emocional.

A constelação familiar também nos ensina a importância de aceitar o que é. Muitas vezes, a ansiedade surge de uma resistência ao passado ou de uma luta para mudar algo que está fora do nosso controle. Ao aceitar e integrar as histórias e experiências que fazem parte do nosso sistema familiar, podemos transformar a ansiedade em uma fonte de sabedoria e conexão.

Explorar as dinâmicas ocultas da ansiedade através da constelação familiar é um convite para expandir a compreensão de nós mesmos e do sistema ao qual pertencemos. É um lembrete de que não estamos sozinhos, que nossas histórias estão entrelaçadas com as de nossos ancestrais e que, ao reconhecer essas conexões, podemos encontrar paz e equilíbrio.

Capítulo 4
Emoções e Herança Familiar

As emoções humanas são como rios subterrâneos: fluem silenciosamente, carregando histórias e experiências que nem sempre reconhecemos como nossas. No entanto, essas correntes emocionais não começam e terminam em nós. Elas são moldadas por gerações de narrativas, padrões e dinâmicas familiares que influenciam a maneira como sentimos, reagimos e vivemos. Essa herança emocional, transmitida de pais para filhos, é uma força poderosa que pode tanto fortalecer quanto aprisionar.

A transmissão emocional entre gerações não é um conceito abstrato; é um fenômeno real e profundamente enraizado nas relações humanas. Desde o momento em que nascemos, somos expostos às emoções de nossos cuidadores. A maneira como eles expressam amor, medo, raiva ou tristeza molda nossa percepção do mundo e de nós mesmos. Uma mãe que reage com ansiedade a situações estressantes ensina, sem palavras, que o mundo é um lugar perigoso. Um pai que reprime sua raiva ensina que certos sentimentos são inaceitáveis ou devem ser escondidos. Essas lições emocionais tornam-se um alicerce invisível, determinando como lidamos com nossas próprias emoções ao longo da vida.

Além da convivência direta, há uma dimensão mais sutil nessa transmissão: as histórias não contadas, os segredos familiares e os traumas não resolvidos. Muitas vezes, as emoções reprimidas ou não processadas por uma geração encontram uma forma de emergir na próxima. Isso pode ocorrer de maneiras surpreendentes, como um medo inexplicável, padrões de comportamento autossabotadores ou até mesmo sintomas físicos.

A psicologia moderna reconhece esse fenômeno como parte do legado intergeracional, onde as experiências de sofrimento ou perda de uma geração ecoam na próxima, mesmo que os detalhes do evento original não sejam conhecidos.

Um exemplo clássico dessa transmissão emocional ocorre em famílias que enfrentaram grandes traumas, como guerras, perseguições ou migrações forçadas. Imagine uma avó que sobreviveu a um período de fome ou violência. Mesmo que ela não fale diretamente sobre sua experiência, sua maneira de viver — talvez marcada por uma constante preocupação com a segurança ou por uma dificuldade em confiar nos outros — influencia seus filhos. Esses filhos, por sua vez, podem adotar comportamentos semelhantes, transmitindo-os novamente para seus próprios descendentes. Assim, o trauma original persiste como uma sombra emocional, mesmo décadas após os eventos que o causaram.

As lealdades familiares, muitas vezes inconscientes, também desempenham um papel crucial nessa herança emocional. Em um esforço para se conectar com sua família ou para honrar seus antepassados, muitas pessoas adotam padrões emocionais ou comportamentais que refletem os dos membros anteriores. Um neto pode carregar uma tristeza profunda que, na verdade, pertence ao seu avô. Uma filha pode sentir culpa ou responsabilidade por eventos que aconteceram muito antes de ela nascer. Essas conexões invisíveis reforçam a ideia de que nossas emoções não pertencem apenas a nós; elas são parte de uma teia maior.

Essa transmissão emocional não é apenas um fardo; também é uma fonte de resiliência. Muitas vezes, herdamos forças emocionais de nossos ancestrais. A coragem de uma bisavó, que lutou para proteger sua família em tempos difíceis, pode se manifestar como uma determinação inabalável em seus descendentes. O amor e o cuidado transmitidos por gerações criam uma base de segurança emocional que nos sustenta mesmo em tempos de dificuldade. Reconhecer tanto os desafios quanto os dons dessa herança emocional nos ajuda a abordar nossa história familiar com gratidão e compaixão.

A ciência moderna também oferece insights sobre como essa transmissão emocional ocorre. Pesquisas em epigenética revelaram que experiências traumáticas podem deixar marcas em nossos genes, alterando sua expressão sem modificar o código genético em si. Essas mudanças podem ser transmitidas para as próximas gerações, influenciando sua suscetibilidade a certos estados emocionais, como ansiedade ou depressão. Embora a epigenética não determine nosso destino, ela destaca como as experiências de nossos antepassados podem ter impactos duradouros em nossa saúde emocional.

Reconhecer a herança emocional da família é um passo essencial para entender nossas próprias emoções. Muitas vezes, padrões que parecem inexplicáveis tornam-se mais claros quando os situamos no contexto de nossa história familiar. Por exemplo, alguém que luta com ansiedade pode descobrir que sua mãe ou avó enfrentaram medos semelhantes, talvez devido a eventos que deixaram marcas profundas em sua psique. Ao reconhecer essas conexões, podemos começar a separar o que pertence a nós do que pertence às gerações anteriores, criando espaço para transformação.

No entanto, esse processo de reconhecimento nem sempre é simples. As histórias familiares muitas vezes estão envoltas em silêncio ou tabu, tornando difícil acessar as informações necessárias para entender plenamente nossa herança emocional. Nessas situações, práticas como a constelação familiar podem ser ferramentas valiosas. Elas ajudam a revelar dinâmicas ocultas e a trazer à tona emoções ou eventos que foram esquecidos ou ignorados.

Ao mesmo tempo, é importante abordar a herança emocional com empatia e equilíbrio. Nossos antepassados enfrentaram desafios em contextos que talvez nunca possamos compreender completamente. Julgar suas escolhas ou emoções com os padrões de hoje é injusto e improdutivo. Em vez disso, podemos honrar sua experiência, reconhecendo suas lutas e seus esforços para nos dar o melhor que puderam.

Também é crucial lembrar que, embora sejamos influenciados por nossa herança emocional, não somos definidos por ela. Temos o poder de interromper padrões prejudiciais e criar novas narrativas para nós mesmos e para as gerações futuras. Esse processo começa com a autoconsciência e com o compromisso de enfrentar nossas emoções, mesmo as mais desconfortáveis, com coragem e compaixão.

Uma maneira poderosa de romper com padrões emocionais intergeracionais é por meio do perdão. Isso não significa ignorar ou justificar comportamentos prejudiciais, mas sim liberar o peso emocional associado a eles. O perdão nos permite aceitar o passado pelo que ele é, sem deixar que ele controle nosso presente ou futuro. Também nos dá a liberdade de criar um novo legado emocional para nossa família, baseado em amor, compreensão e resiliência.

Outro aspecto importante é a comunicação aberta. Ao falar sobre nossas emoções e nossa história familiar, criamos um espaço para conexão e cura. Isso é especialmente importante em famílias onde o silêncio ou a negação foram as respostas predominantes aos desafios emocionais. Ao compartilhar nossas experiências e ouvir as dos outros, quebramos o ciclo de isolamento emocional e fortalecemos nossos laços familiares.

No entanto, é importante reconhecer que nem todas as heranças emocionais podem ser resolvidas completamente. Algumas feridas são profundas demais ou pertencem a gerações muito distantes para serem totalmente compreendidas. Nessas situações, a aceitação se torna uma ferramenta poderosa. Aceitar que algumas questões permanecerão incompletas nos permite seguir em frente com paz e gratidão por tudo o que conseguimos transformar.

Em última análise, entender e trabalhar com nossa herança emocional é um ato de amor — por nós mesmos, por nossos antepassados e pelas gerações futuras. Ao enfrentar as emoções que herdamos, tanto as desafiadoras quanto as fortalecedoras, nos tornamos mais inteiros e conectados. Essa jornada de autoconhecimento e transformação nos permite viver com mais autenticidade, criando um legado emocional que reflete nossos valores mais profundos.

Capítulo 5
Raízes da Ansiedade

A ansiedade, embora frequentemente percebida como uma emoção isolada, é, na verdade, a interseção de várias emoções fundamentais que se entrelaçam em um emaranhado complexo. Medo, culpa, tristeza e raiva são os alicerces dessa experiência emocional. Cada uma dessas emoções, quando não compreendida ou processada, pode alimentar a ansiedade, criando um ciclo que parece interminável. Compreender as raízes da ansiedade exige um mergulho profundo em cada uma dessas emoções e como elas se conectam ao nosso passado, presente e futuro.

O medo é, talvez, a raiz mais evidente da ansiedade. É uma emoção primitiva, projetada para nos proteger de perigos imediatos. Porém, em um mundo onde os perigos são frequentemente abstratos ou antecipados, o medo se transforma em preocupação constante, gerando um estado de alerta contínuo. Imagine uma criança que cresce em um ambiente imprevisível, onde nunca sabe o que esperar. Essa criança aprende a estar constantemente atenta, como se o perigo estivesse sempre à espreita. Na vida adulta, essa hipervigilância pode se manifestar como ansiedade generalizada, um estado de medo que não encontra uma causa clara.

A culpa, por sua vez, é uma emoção mais insidiosa. Enquanto o medo nos protege do perigo externo, a culpa nos corrói por dentro, criando um sentimento persistente de inadequação. A ansiedade alimentada pela culpa muitas vezes se apresenta como autocrítica ou perfeccionismo. É como se, ao tentar evitar a culpa, nos esforçássemos para atender a padrões impossivelmente elevados. Essas expectativas, muitas vezes internalizadas na infância, podem surgir de mensagens diretas ou indiretas de nossos cuidadores. Por exemplo, uma criança que é constantemente responsabilizada por erros ou falhas da família pode crescer com um senso exagerado de responsabilidade, carregando uma culpa que não lhe pertence.

A tristeza, quando não expressa ou processada, também desempenha um papel crucial na ansiedade. Muitas pessoas reprimem a tristeza por considerá-la um sinal de fraqueza ou vulnerabilidade. No entanto, a emoção reprimida não desaparece; ela se transforma em uma energia latente que alimenta a ansiedade. Pense em alguém que sofreu uma grande perda, mas nunca teve a chance de lamentá-la adequadamente. Essa tristeza não reconhecida pode se manifestar como uma sensação constante de inquietação ou insatisfação, uma busca interminável por algo que falta, mas que nunca pode ser encontrado.

A raiva, embora muitas vezes associada à explosão e ao conflito, também pode ser uma raiz poderosa da ansiedade, especialmente quando é reprimida. Muitas pessoas aprendem desde cedo que a raiva é uma emoção inaceitável. Elas a enterram, mas, ao fazer isso, criam uma tensão interna que se traduz em ansiedade. Essa dinâmica é particularmente comum em pessoas que foram criadas em ambientes onde a expressão de emoções intensas era desencorajada ou punida. A raiva reprimida cria uma sensação de desconexão consigo mesmo, uma divisão interna que perpetua a ansiedade.

Essas quatro emoções fundamentais — medo, culpa, tristeza e raiva — raramente atuam isoladamente. Elas se entrelaçam, criando padrões emocionais que sustentam a ansiedade. Um exemplo disso pode ser visto em alguém que sente medo do fracasso (raiz no medo), culpa por não atender às expectativas (raiz na culpa), tristeza por oportunidades perdidas (raiz na tristeza) e raiva contra si mesmo por não fazer mais (raiz na raiva). Esses sentimentos, quando acumulados, criam uma tempestade emocional que gera e mantém a ansiedade.

Além disso, essas raízes emocionais estão frequentemente conectadas a experiências passadas, especialmente aquelas da infância. Nosso cérebro, particularmente em seus estágios iniciais de desenvolvimento, é altamente sensível às experiências emocionais. As conexões que formamos com nossos cuidadores, as mensagens que recebemos sobre nós mesmos e o mundo ao nosso redor moldam como processamos essas emoções. Se crescemos em um ambiente onde o medo era predominante, onde a culpa era usada como ferramenta de controle, onde a tristeza era ignorada ou onde a raiva era punida, desenvolvemos padrões que perpetuam essas emoções na vida adulta.

Esses padrões não são apenas psicológicos; eles também são fisiológicos. O sistema nervoso humano é moldado pelas emoções que experimentamos repetidamente. Quando vivemos em um estado constante de alerta, por exemplo, nosso corpo se adapta a isso, tornando-se mais propenso a respostas ansiosas. Essa é uma das razões pelas quais a ansiedade pode parecer tão incontrolável: não é apenas um hábito mental, mas também um estado físico. Nosso coração, respiração e músculos reagem como se estivéssemos constantemente enfrentando uma ameaça.

A cultura também desempenha um papel significativo na formação e perpetuação dessas raízes emocionais. Vivemos em uma sociedade que muitas vezes glorifica a produtividade e o sucesso, enquanto minimiza a importância do descanso e da conexão emocional. Em um ambiente onde "estar ocupado" é um símbolo de status e onde a vulnerabilidade é vista como fraqueza, é fácil ver como o medo, a culpa, a tristeza e a raiva podem ser ignorados ou mal compreendidos. Essa desconexão cultural das emoções cria um terreno fértil para a ansiedade, pois não temos espaço ou permissão para processar o que sentimos.

Além disso, as dinâmicas familiares e culturais frequentemente reforçam essas emoções de maneira inconsciente. Em algumas famílias, a culpa é passada de geração em geração como uma forma de manter o controle ou a unidade. Em outras, o medo é perpetuado através de histórias de perigos reais ou imaginários. Em muitas culturas, a tristeza é vista como um fardo a ser evitado, enquanto a raiva é considerada destrutiva e deve ser reprimida. Esses padrões coletivos moldam como lidamos com nossas emoções individuais, muitas vezes perpetuando a ansiedade.

Embora essas raízes emocionais sejam poderosas, elas não são imutáveis. Reconhecer suas origens é o primeiro passo para começar a transformá-las. Isso envolve explorar nossas experiências passadas, compreender os padrões que aprendemos e desenvolver uma nova relação com nossas emoções. Em vez de ver o medo, a culpa, a tristeza e a raiva como inimigos, podemos começar a entendê-los como mensageiros, cada um trazendo informações valiosas sobre nossas necessidades e desejos mais profundos.

Por exemplo, o medo pode nos alertar sobre algo que precisa de nossa atenção. A culpa pode nos lembrar de nossos valores e de onde podemos estar desalinhados com eles. A tristeza pode nos conectar a uma perda ou necessidade não atendida, enquanto a raiva pode nos motivar a defender o que é importante para nós. Quando começamos a ouvir essas emoções em vez de resistir a elas, podemos começar a desfazer os padrões que sustentam a ansiedade.

Ferramentas como a terapia, a meditação e a constelação familiar podem ser úteis nesse processo. Elas nos ajudam a identificar as raízes emocionais da ansiedade e a criar espaço para novas formas de sentir e responder. Esse trabalho requer coragem e paciência, mas é profundamente transformador. Ao abordar essas emoções com curiosidade e compaixão, podemos começar a desmantelar os alicerces da ansiedade e construir um novo senso de equilíbrio e bem-estar.

Compreender as raízes da ansiedade é um convite para explorar a complexidade de nossas emoções e de nossas histórias. É uma jornada que exige não apenas olhar para dentro, mas também olhar para trás, para os padrões e dinâmicas que moldaram quem somos. Ao fazê-lo, podemos começar a transformar a ansiedade de um fardo opressivo em uma oportunidade para autoconhecimento e crescimento pessoal. A partir desse lugar de entendimento, é possível encontrar um caminho para viver com mais liberdade e autenticidade.

Capítulo 6
Medo e Vulnerabilidade

O medo é uma emoção universal, profundamente enraizada na psique humana. Ele nos acompanha desde os primórdios da evolução, quando detectar ameaças à sobrevivência era questão de vida ou morte. Apesar de ser uma ferramenta essencial para nos proteger do perigo, o medo, quando mal compreendido ou exacerbado, se transforma em um dos alicerces mais significativos da ansiedade. Explorar o papel do medo na ansiedade é abrir as portas para entender como nossa relação com a vulnerabilidade molda nossas experiências emocionais.

Desde a infância, o medo se apresenta como um guia instintivo. Bebês choram quando estão com fome, frio ou sentem ausência de cuidado, expressando uma resposta básica ao desconforto ou perigo. À medida que crescemos, o medo se torna mais sofisticado, reagindo não apenas a estímulos físicos, mas também a situações abstratas e sociais. Ele nos avisa sobre riscos, mas também pode crescer desproporcionalmente quando não aprendemos a lidar com a incerteza ou com as situações que fogem ao nosso controle.

No entanto, nem todos os medos são criados iguais. Há o medo adaptativo, que é útil e nos ajuda a evitar danos reais, como o medo de tocar em algo quente ou de se aproximar de um animal selvagem. E há o medo desadaptativo, que surge de interpretações distorcidas da realidade ou de experiências passadas não processadas. É nesse segundo tipo de medo que a ansiedade encontra sua força. Por exemplo, alguém que foi ridicularizado em público na infância pode carregar o medo de falar em público na vida adulta, mesmo que a ameaça real não esteja mais presente.

Esse tipo de medo está profundamente ligado à vulnerabilidade. Ser vulnerável é, em essência, aceitar que não temos controle absoluto sobre nossas vidas ou sobre como os outros nos percebem. No entanto, essa aceitação é algo que muitos de nós aprendemos a evitar. Em vez disso, tentamos criar uma armadura emocional, um escudo que nos proteja de críticas, rejeições ou falhas. Paradoxalmente, essa proteção contra a vulnerabilidade frequentemente alimenta a ansiedade, pois nos coloca em um estado constante de alerta e defesa.

Considere, por exemplo, uma pessoa que teme ser julgada. Esse medo, embora compreensível, é frequentemente exagerado pelas expectativas que ela coloca sobre si mesma. Ela pode gastar horas ensaiando o que vai dizer, evitar situações sociais ou ficar paralisada diante de decisões. Em cada uma dessas situações, o medo subjacente é o de ser vulnerável — de se mostrar como é, com a possibilidade de não ser aceita ou valorizada. A ansiedade, então, se torna a companheira constante desse medo, perpetuando a ideia de que o mundo é um lugar ameaçador.

O medo da rejeição é um dos mais comuns e poderosos. Ele está profundamente enraizado em nossa necessidade de pertencimento. Como seres sociais, dependemos das conexões com outros para nosso bem-estar emocional e até mesmo físico. Na história evolutiva, ser rejeitado pelo grupo poderia significar morte, pois a sobrevivência dependia da proteção coletiva. Embora hoje tenhamos recursos para viver de forma mais independente, essa necessidade de aceitação permanece forte. Qualquer ameaça percebida à nossa aceitação social pode desencadear respostas intensas de medo e ansiedade.

Outro medo frequentemente relacionado à ansiedade é o medo do fracasso. Este, por sua vez, está muitas vezes ligado à vergonha. Falhar é humano, mas em uma sociedade que valoriza a perfeição e o sucesso, o fracasso pode ser visto como uma falha de caráter, em vez de uma oportunidade de aprendizado. Isso cria uma pressão interna constante para atingir padrões elevados, levando a um estado de alerta contínuo. A possibilidade de não alcançar esses padrões ativa o medo, que alimenta a ansiedade.

O medo do desconhecido também desempenha um papel crucial na ansiedade. Nossa mente está programada para procurar padrões e prever o futuro. Quando enfrentamos incertezas — seja uma mudança de emprego, um diagnóstico médico ou uma pandemia global —, o cérebro entra em overdrive, tentando calcular todas as possibilidades e encontrar uma solução. No entanto, essa busca incessante por controle em situações incertas pode gerar mais ansiedade, pois enfrentamos constantemente o fato de que algumas coisas estão além do nosso alcance.

Outro aspecto interessante do medo é como ele é aprendido. Muitos dos nossos medos não nascem conosco, mas são transmitidos por nossos cuidadores ou pelo ambiente em que crescemos. Uma mãe ansiosa que reage com exagero a pequenos perigos pode ensinar seu filho, inadvertidamente, a ver o mundo como um lugar perigoso. Um pai que evita conflitos pode passar para os filhos a mensagem de que é melhor evitar riscos do que enfrentá-los. Essas lições emocionais, muitas vezes inconscientes, formam a base dos medos que carregamos na vida adulta.

Além disso, traumas pessoais ou familiares amplificam o medo e sua relação com a ansiedade. Alguém que passou por uma experiência de violência, abandono ou humilhação carrega não apenas a memória do evento, mas também as respostas emocionais associadas a ele. Mesmo quando o perigo real já passou, o medo pode permanecer, manifestando-se em forma de ansiedade sempre que algo remotamente similar ao trauma original ocorre.

A neurociência também nos ajuda a entender o papel do medo na ansiedade. O sistema límbico, particularmente a amígdala, é responsável por detectar ameaças e desencadear respostas de luta ou fuga. Em indivíduos ansiosos, a amígdala pode ser hiperativa, reagindo a estímulos que não representam perigo real. Essa reatividade excessiva cria um estado de alerta constante, reforçando os padrões de ansiedade.

Apesar de sua influência negativa, o medo também pode ser um professor. Quando enfrentado com curiosidade e compaixão, ele revela nossas necessidades mais profundas. Por exemplo, o medo de rejeição pode indicar uma necessidade de conexão genuína. O medo de falhar pode nos lembrar do desejo de sermos valorizados. Quando começamos a ver o medo como um mensageiro, em vez de um inimigo, abrimos espaço para a transformação.

Uma forma de trabalhar com o medo é através da prática da aceitação. Em vez de resistir ao medo ou tentar suprimi-lo, podemos reconhecê-lo como parte da experiência humana. Práticas como mindfulness ajudam a criar essa aceitação, permitindo que observemos o medo sem sermos dominados por ele. Ao fazer isso, desarmamos sua capacidade de alimentar a ansiedade.

A exposição gradual ao que tememos também pode ser transformadora. Isso não significa enfrentar todos os nossos medos de uma vez, mas sim dar pequenos passos em direção ao que nos assusta. Cada vitória, por menor que seja, reforça a ideia de que somos mais fortes do que pensamos e que o medo, embora desconfortável, não é invencível.

Além disso, criar um ambiente de segurança emocional é essencial para lidar com o medo. Isso pode significar cercar-se de pessoas que nos apoiam, estabelecer limites saudáveis ou buscar ajuda profissional quando necessário. A segurança emocional nos dá a base para enfrentar medos antigos e abrir espaço para novas possibilidades.

Reconhecer que a vulnerabilidade é parte essencial da vida é um passo poderoso para transformar o medo. Ser vulnerável não é fraqueza; é coragem. É a disposição de se expor, de arriscar, de viver plenamente. Quando aceitamos nossa vulnerabilidade, o medo perde parte de seu poder. Ele não desaparece, mas se torna uma emoção com a qual podemos conviver, em vez de algo que nos controla.

O medo, em todas as suas formas, está profundamente conectado à ansiedade. No entanto, ele também contém as sementes de nossa liberdade emocional. Ao explorar sua relação com a vulnerabilidade, aprendemos não apenas a lidar com a ansiedade, mas também a nos conectar mais profundamente com nós mesmos e com os outros. Essa jornada de coragem e autodescoberta transforma o medo em uma ferramenta para crescimento e resiliência.

Capítulo 7
Tristeza Oculta

A tristeza, em sua essência, é uma emoção profunda e inevitável. Ela nos acompanha em momentos de perda, desapontamento ou desconexão, funcionando como um lembrete de que algo valioso foi perdido ou que uma necessidade importante não foi atendida. No entanto, quando não reconhecida ou processada, a tristeza pode se esconder nas profundezas da psique, enraizando-se silenciosamente. Essa tristeza oculta, reprimida ou ignorada, muitas vezes encontra um caminho para se manifestar na forma de ansiedade. Para compreendê-la, é necessário desvendar sua origem, sua função e como ela molda nossos comportamentos e experiências emocionais.

Desde cedo, aprendemos a lidar com a tristeza de maneiras diferentes, dependendo do ambiente em que crescemos. Em algumas famílias, a tristeza é acolhida e validada como parte da experiência humana. Em outras, é reprimida ou ignorada, tratada como um sinal de fraqueza ou um inconveniente. A maneira como nossos cuidadores e o ambiente ao nosso redor lidam com essa emoção influencia profundamente como aprendemos a processá-la. Quando a tristeza não encontra espaço para se expressar, ela não desaparece; ela se transforma, alojando-se nas camadas mais profundas do nosso ser.

A tristeza pode surgir de várias fontes. Uma das mais comuns é a perda. Isso pode incluir a perda de uma pessoa querida, mas também a perda de sonhos, oportunidades, ou até mesmo de uma versão de nós mesmos que não conseguimos alcançar. A perda, quando não processada adequadamente, pode deixar uma marca indelével. Uma criança que perde um dos pais, por exemplo, pode crescer com uma tristeza latente que, sem uma oportunidade de expressão, se manifesta como uma ansiedade persistente, uma busca constante por segurança e conexão.

Outro catalisador da tristeza oculta é o abandono, seja físico, emocional ou psicológico. Uma criança que se sente negligenciada ou desvalorizada muitas vezes não consegue compreender plenamente o que está acontecendo, mas sente a ausência de cuidado como uma ferida. Essa ferida, ao longo do tempo, se torna tristeza — uma sensação de vazio que, sem acolhimento, se transforma em uma inquietação contínua. Na vida adulta, essa tristeza pode aparecer como uma dificuldade em formar conexões profundas ou um medo constante de ser deixado para trás, ambos alimentando a ansiedade.

A rejeição é outra fonte poderosa de tristeza, especialmente durante os primeiros anos de vida. Ser rejeitado — seja por colegas, familiares ou figuras de autoridade — transmite a mensagem de que não somos bons o suficiente ou de que algo em nós é inaceitável. Essa mensagem, quando internalizada, gera uma tristeza que muitas vezes permanece escondida. Em vez de enfrentar a dor da rejeição, muitas pessoas desenvolvem mecanismos de defesa que as levam a buscar incessantemente a aprovação dos outros ou a evitar situações em que possam ser julgadas. Essa busca ou fuga constante reforça um ciclo de ansiedade que pode ser difícil de quebrar.

No entanto, a tristeza oculta não é apenas fruto de eventos externos; ela também pode se originar de conflitos internos. Quando nossas ações, escolhas ou valores estão em desacordo com nossos desejos mais profundos, sentimos uma desconexão de nós mesmos. Essa desconexão pode ser sutil, mas ao longo do tempo, cria um vazio interior. Essa tristeza autoimposta pode ser difícil de identificar, pois muitas vezes somos ensinados a ignorar nossos sentimentos mais profundos em favor de objetivos externos ou expectativas sociais.

Outra forma de tristeza que frequentemente se esconde é aquela herdada de gerações anteriores. Experiências de luto, perdas e sofrimentos de nossos antepassados podem ser transmitidas emocionalmente, mesmo que os detalhes das histórias originais não sejam conhecidos. Por exemplo, uma avó que perdeu um filho pode carregar uma tristeza tão intensa que ela permeia o sistema familiar. Seus netos, sem entender a origem desse peso emocional, podem sentir um vago senso de melancolia ou inquietação que parece não ter uma causa específica.

Essa herança emocional é frequentemente inconsciente, mas pode ser descoberta ao explorar a dinâmica familiar. Práticas como a constelação familiar ajudam a revelar como a tristeza de gerações passadas pode influenciar nossas emoções atuais. Reconhecer e honrar essa herança é um passo importante para liberar o peso que ela traz, permitindo que a tristeza se transforme em algo que podemos processar e integrar.

Quando a tristeza permanece oculta, ela frequentemente se manifesta de maneiras indiretas. A ansiedade é uma dessas manifestações. Em vez de experimentar a tristeza diretamente, muitas pessoas a traduzem em inquietação, preocupação ou um senso geral de desconforto. Essa transformação ocorre porque, para muitos, a tristeza é uma emoção difícil de enfrentar. Ela exige que olhemos para dentro, que reconheçamos nossas perdas e nossas vulnerabilidades. A ansiedade, por outro lado, nos mantém ocupados, focados no futuro ou no que precisa ser feito, evitando o confronto com a dor interna.

Outra maneira pela qual a tristeza oculta se manifesta é através de sintomas físicos. Uma sensação de peso no peito, fadiga constante ou até mesmo dores musculares podem ser sinais de tristeza reprimida. O corpo, incapaz de ignorar completamente essa emoção, encontra maneiras de expressá-la, mesmo que a mente não esteja consciente de sua origem. Esses sintomas frequentemente levam as pessoas a buscar respostas externas, como exames médicos ou tratamentos físicos, quando a verdadeira causa reside em uma emoção não processada.

No entanto, a tristeza, quando acolhida, tem um potencial transformador. Ela nos conecta a nossa humanidade, lembrando-nos de que é normal sentir dor e que a vulnerabilidade faz parte da experiência de estar vivo. Permitir-se sentir tristeza, sem julgamento ou resistência, é um ato de coragem. É um reconhecimento de que, mesmo nas perdas e nos momentos difíceis, há espaço para crescimento e aprendizado.

Processar a tristeza oculta envolve mais do que simplesmente reconhecer sua presença. É necessário criar um espaço seguro para que ela seja sentida e expressa. Isso pode incluir práticas como journaling, terapia ou até mesmo momentos de reflexão silenciosa. Permitir-se chorar, por exemplo, é uma forma poderosa de liberar tristeza acumulada. Embora muitas pessoas evitem o choro por medo de parecerem fracas, ele é, na verdade, um mecanismo natural de cura, permitindo que o corpo e a mente se libertem da carga emocional.

Outra abordagem útil é explorar as histórias que sustentam a tristeza. Perguntar a si mesmo: "O que eu perdi? O que eu esperava que não aconteceu? De onde vem esse sentimento?" pode revelar insights valiosos. Muitas vezes, a tristeza está ligada a expectativas não atendidas ou a sonhos que foram deixados para trás. Reconhecer essas conexões nos ajuda a aceitar o que aconteceu e a encontrar formas de seguir em frente.

A aceitação é uma parte crucial desse processo. Aceitar não significa desistir ou concordar com a perda, mas sim reconhecer que ela faz parte da vida. Essa aceitação nos liberta da luta contra a realidade, permitindo que a tristeza flua em vez de ficar presa. Quando a tristeza é aceita, ela deixa de ser uma força que nos puxa para baixo e se torna uma fonte de sabedoria e conexão.

Além disso, transformar a tristeza em algo significativo pode ajudar a integrá-la de maneira saudável. Algumas pessoas encontram conforto em criar algo a partir de sua dor, como escrever, pintar ou ajudar os outros. Esse processo não apenas dá voz à tristeza, mas também a transforma em uma força criativa e restauradora.

É importante lembrar que a tristeza não é uma falha ou uma fraqueza. Ela é uma emoção essencial, que nos conecta a nossas experiências e relacionamentos mais profundos. Quando permitimos que a tristeza oculta seja vista, sentida e processada, libertamo-nos do peso que ela carrega e criamos espaço para uma vida mais plena e autêntica.

A tristeza, quando não enfrentada, alimenta a ansiedade, mas, quando acolhida, abre caminho para a cura. Ela nos lembra de nossa capacidade de sentir, de amar e de crescer, mesmo diante das perdas e desafios. Ao trabalhar com essa emoção de maneira consciente, podemos encontrar uma paz interior que transforma a ansiedade em uma experiência de aprendizado e resiliência.

Capítulo 8
Raiva e Conflitos Internos

A raiva é uma das emoções humanas mais intensas e, ao mesmo tempo, mais incompreendidas. Ela pode surgir de um instante, como uma faísca que acende um incêndio, ou pode permanecer oculta, queimando silenciosamente em nosso interior. Embora muitas vezes seja vista como uma emoção destrutiva, a raiva desempenha um papel essencial em nossa vida emocional. Ela é um sinal de que algo está fora de equilíbrio, uma reação natural à injustiça, à frustração ou à violação de nossos limites. Quando reprimida ou ignorada, a raiva não desaparece; ela se transforma em tensão interna, moldando-se em formas mais insidiosas, como conflitos internos e, muitas vezes, ansiedade.

Desde cedo, aprendemos que a raiva é uma emoção complicada de lidar. Para muitos, a expressão da raiva é desencorajada. Crianças são ensinadas a "não gritar", "não bater" ou "não demonstrar descontrole". Embora essas orientações muitas vezes tenham o objetivo de ensinar convivência social, elas também podem enviar a mensagem de que a raiva é inaceitável. Isso leva muitas pessoas a suprimir essa emoção, escondendo-a por trás de um comportamento aparentemente calmo ou indiferente. Porém, o que está escondido não está resolvido. A raiva reprimida se transforma em uma energia acumulada, que pode explodir em momentos inesperados ou se manifestar como uma inquietação constante — um dos alicerces da ansiedade.

A origem da raiva está frequentemente ligada a experiências de frustração ou impotência. Imagine uma criança que tenta expressar uma necessidade — como fome, cansaço ou necessidade de atenção — e não é ouvida. Essa criança sente raiva, uma reação natural a um obstáculo. Mas se ela é constantemente ignorada ou desencorajada de expressar essa emoção, aprende a reprimi-la. Na vida adulta, esse padrão pode persistir. Uma pessoa pode sentir raiva quando não é tratada com respeito ou quando suas necessidades não são atendidas, mas, em vez de expressá-la, internaliza essa emoção, transformando-a em ressentimento ou autocobrança.

Esse ciclo de repressão e internalização da raiva frequentemente leva a conflitos internos. Quando não somos capazes de reconhecer ou expressar nossa raiva, ela se volta contra nós. Isso pode se manifestar como autocrítica severa, perfeccionismo ou uma sensação constante de insatisfação. Por exemplo, alguém que foi ensinado a nunca demonstrar raiva pode começar a culpar a si mesmo por situações que, na verdade, estão fora de seu controle. Essa dinâmica cria um ciclo de tensão e ansiedade, pois a energia da raiva, não liberada, continua a pressionar por uma saída.

Além disso, a raiva reprimida muitas vezes se manifesta em nossos relacionamentos. Ela pode aparecer como irritabilidade, sarcasmo ou afastamento emocional. Em vez de abordar diretamente as fontes de frustração, muitas pessoas expressam sua raiva de maneiras indiretas, como procrastinação ou comportamentos passivo-agressivos. Essas dinâmicas não resolvem o problema subjacente e frequentemente criam mais tensão, tanto dentro de si quanto nos relacionamentos, alimentando a ansiedade.

Outro aspecto da raiva é sua conexão com nossos limites. Quando sentimos raiva, é frequentemente porque algo ou alguém cruzou uma linha que consideramos inaceitável. Porém, se não aprendemos a identificar e comunicar nossos limites de forma saudável, a raiva pode se acumular. Por exemplo, alguém que constantemente diz "sim" para agradar os outros, mesmo quando isso vai contra suas próprias necessidades, pode sentir raiva por se sentir explorado ou desvalorizado. Mas, ao invés de confrontar a situação, essa pessoa reprime sua raiva, experimentando ansiedade como resultado da desconexão entre seus desejos e suas ações.

A raiva também está profundamente ligada à vulnerabilidade. Muitas vezes, ela surge como uma defesa contra emoções mais difíceis de enfrentar, como tristeza, medo ou vergonha. Por exemplo, alguém que se sente rejeitado pode reagir com raiva, em vez de admitir sua dor ou vulnerabilidade. Isso ocorre porque a raiva é uma emoção mais ativa, que nos dá uma sensação de poder e controle, enquanto emoções como a tristeza nos fazem sentir expostos. Porém, quando usamos a raiva para mascarar essas emoções mais profundas, não conseguimos processá-las de forma adequada, perpetuando o ciclo de ansiedade.

A cultura também desempenha um papel importante na forma como lidamos com a raiva. Em muitas sociedades, a raiva é vista como uma emoção negativa, especialmente para certos grupos, como mulheres ou crianças. Meninas, por exemplo, muitas vezes são ensinadas a serem "boas" e "comportadas", enquanto os meninos podem receber mais permissão para expressar raiva. Esses padrões culturais moldam como lidamos com essa emoção ao longo da vida. Mulheres podem sentir culpa ao expressar raiva, enquanto homens podem ter dificuldade em reconhecer outras emoções que não sejam a raiva.

Além disso, a raiva não expressada frequentemente encontra um lar em nosso corpo. Ela pode se manifestar como tensão muscular, dores de cabeça, problemas digestivos ou outros sintomas físicos. A conexão entre a raiva reprimida e o corpo é tão forte que muitas abordagens terapêuticas incluem práticas corporais para ajudar a liberar essa emoção. Yoga, dança ou até mesmo exercícios de respiração podem ser ferramentas úteis para acessar e processar a raiva acumulada.

Transformar nossa relação com a raiva começa com o reconhecimento de sua presença. Muitas vezes, nem percebemos que estamos com raiva, especialmente se fomos ensinados a reprimi-la. Praticar a autoconsciência, como prestar atenção às sensações físicas ou aos pensamentos recorrentes, pode ser um passo poderoso para identificar a raiva. Perguntar a si mesmo: "O que está me incomodando? Por que estou irritado?" pode revelar os gatilhos subjacentes.

Depois de identificar a raiva, é importante expressá-la de maneira saudável. Isso não significa explodir ou culpar os outros, mas sim comunicar nossos sentimentos de forma assertiva e respeitosa. Dizer algo como: "Eu me sinto frustrado quando isso acontece" é uma forma de validar sua raiva sem causar danos nos relacionamentos. Essa abordagem também ajuda a resolver conflitos, em vez de deixá-los crescer.

Práticas terapêuticas, como psicoterapia ou constelação familiar, podem ser úteis para explorar a origem de nossa raiva. Muitas vezes, descobrimos que ela está conectada a experiências passadas ou padrões familiares que moldaram nossa relação com essa emoção. Por exemplo, alguém pode perceber que sua dificuldade em expressar raiva vem de um modelo parental onde os conflitos eram evitados a todo custo. Compreender essas conexões nos dá a liberdade de criar novos padrões emocionais.

Além disso, é essencial aprender a perdoar, tanto a nós mesmos quanto aos outros. Perdoar não significa justificar comportamentos prejudiciais, mas sim liberar a energia da raiva que está nos prendendo. O perdão nos permite seguir em frente, transformando a raiva em uma oportunidade de crescimento.

Outra ferramenta poderosa é canalizar a raiva para ações construtivas. A raiva é uma emoção que nos dá energia e motivação. Em vez de reprimi-la, podemos usá-la como combustível para promover mudanças, seja em nossa própria vida ou na sociedade. Muitas grandes transformações nasceram da raiva contra injustiças, canalizada para criar algo positivo.

Cultivar a compaixão — tanto por nós mesmos quanto pelos outros — é essencial para transformar nossa relação com a raiva. Quando reconhecemos que todos enfrentam desafios e imperfeições, é mais fácil lidar com a frustração de maneira equilibrada. Isso não significa ignorar nossos sentimentos, mas sim abordá-los com gentileza e compreensão.

A raiva, quando não reconhecida ou expressa, alimenta conflitos internos e ansiedade. Mas, quando aprendemos a acolhê-la e canalizá-la de maneira saudável, ela se torna uma aliada poderosa em nosso crescimento emocional. Reconhecer nossos limites, enfrentar nossas frustrações e nos conectar com nossas emoções mais profundas nos permite transformar a raiva de um peso em uma força que impulsiona mudanças significativas em nossas vidas.

Capítulo 9
Culpa e Autojulgamento

A culpa é uma das emoções mais persistentes e complexas que o ser humano pode experimentar. Ela atua como um farol moral, alertando-nos quando transgredimos nossos valores ou prejudicamos alguém. No entanto, quando mal compreendida ou carregada de forma desproporcional, a culpa se transforma em um fardo emocional que afeta profundamente a autoestima, os relacionamentos e, em muitos casos, alimenta a ansiedade. Para entendê-la em sua totalidade, é necessário explorar sua origem, sua ligação com o autojulgamento e os caminhos para transformá-la em uma força de crescimento em vez de um peso debilitante.

Desde a infância, a culpa começa a se formar como uma resposta às normas e expectativas que nos cercam. Crianças aprendem rapidamente que determinados comportamentos são considerados "errados" pelos adultos ao seu redor. Um olhar severo ou uma repreensão incisiva pode ser suficiente para desencadear o sentimento de culpa. Esse aprendizado é natural e, em certa medida, necessário para o desenvolvimento da empatia e da convivência social. No entanto, quando a culpa é usada como uma ferramenta constante de controle ou punição, ela pode se enraizar de maneira prejudicial, gerando uma sensação de inadequação que acompanha a pessoa ao longo da vida.

O autojulgamento é o companheiro inseparável da culpa. Quando nos julgamos de forma excessiva, transformamos erros ou falhas humanas em provas de nosso suposto valor reduzido. Esse padrão é particularmente comum em pessoas que cresceram em ambientes onde a perfeição era exaltada e os erros, punidos severamente. A culpa, nesse contexto, não é apenas uma reação temporária; ela se torna uma característica constante da identidade. É como se a pessoa carregasse uma voz interna crítica que nunca permite que ela se esqueça de suas falhas, reais ou imaginadas.

A ansiedade entra nesse cenário como uma consequência natural. Quando estamos constantemente nos julgando ou temendo que nossas ações não atendam às expectativas — nossas ou de outras pessoas —, vivemos em um estado de alerta. Essa tensão cria uma sensação de inquietação, como se estivéssemos sempre à beira de cometer um erro ou de desapontar alguém. O resultado é um ciclo de culpa e autojulgamento que alimenta a ansiedade, dificultando a sensação de paz interior.

Outra faceta importante da culpa é sua origem na comparação com os outros. Vivemos em uma sociedade que constantemente nos incentiva a medir nosso valor com base em padrões externos. Redes sociais, por exemplo, intensificam esse fenômeno ao expor apenas os aspectos mais positivos da vida alheia. Quando comparamos nossas falhas e dificuldades com a perfeição aparente dos outros, a culpa e o autojulgamento se tornam inevitáveis. "Por que eu não consigo ser tão bem-sucedido, tão feliz, tão realizado quanto os outros?" Esse tipo de pensamento cria um senso constante de insuficiência, um dos alicerces mais comuns da ansiedade.

A culpa também está profundamente ligada às dinâmicas familiares. Em muitos contextos, ela é usada de forma inconsciente para reforçar laços ou para garantir que os membros da família atendam a determinadas expectativas. Um pai ou uma mãe que constantemente afirma que seus sacrifícios foram feitos em nome dos filhos pode, sem querer, criar um senso de dívida emocional. Esses filhos, ao crescerem, podem sentir que nunca fazem o suficiente para "compensar" seus pais, carregando essa culpa para seus próprios relacionamentos e escolhas de vida.

Além disso, a culpa pode ser transmitida através de gerações. Esse fenômeno, conhecido como culpa herdada, ocorre quando as emoções ou responsabilidades não resolvidas de uma geração são inconscientemente assumidas pela próxima. Por exemplo, uma família que carrega a culpa por erros ou perdas do passado pode, sem perceber, transmitir essa carga emocional aos descendentes. Essas pessoas, mesmo sem estarem diretamente conectadas aos eventos originais, sentem um peso inexplicável que molda suas decisões e emoções.

Um aspecto interessante da culpa é sua relação com os valores e crenças pessoais. Muitas vezes, sentimos culpa porque nossas ações ou pensamentos entram em conflito com aquilo que consideramos certo ou aceitável. Esse conflito interno pode ser enriquecedor quando nos leva a refletir sobre nossas escolhas e a fazer mudanças positivas. No entanto, quando os valores que sustentam a culpa são rígidos ou não questionados, ela se torna uma força paralisante. Por exemplo, alguém que acredita que deve agradar a todos, o tempo todo, pode sentir culpa sempre que coloca suas próprias necessidades em primeiro lugar.

A sociedade também desempenha um papel significativo na amplificação da culpa. Em culturas onde a produtividade, o sucesso e a perfeição são valorizados acima de tudo, é fácil se sentir inadequado. Isso é especialmente verdadeiro em contextos onde o fracasso é visto não como uma oportunidade de aprendizado, mas como uma falha de caráter. Esse tipo de pressão social cria uma armadilha em que a culpa se torna inevitável, pois ninguém consegue atender constantemente a expectativas tão altas.

Além das influências externas, a culpa também pode surgir de dinâmicas internas complexas, como a busca por controle. Muitas pessoas sentem culpa porque acreditam, erroneamente, que são responsáveis por tudo o que acontece ao seu redor. Esse padrão é comum em indivíduos que cresceram em ambientes onde lhes foi atribuído um senso exagerado de responsabilidade desde cedo. Por exemplo, uma criança que cuida emocionalmente de seus pais pode crescer com a crença de que é sua obrigação garantir o bem-estar dos outros. Essa crença, quando levada à vida adulta, gera culpa constante, pois é impossível atender a todas as demandas que ela mesma se impõe.

No entanto, a culpa, quando bem compreendida, pode ser transformada em uma aliada. Ela é, afinal, uma emoção que nos conecta aos nossos valores e à nossa humanidade. Sentir culpa por um erro ou por ter magoado alguém é um sinal de empatia e consciência moral. O problema não está na culpa em si, mas na maneira como a abordamos. Quando usamos a culpa como um ponto de partida para reflexão e aprendizado, em vez de como um peso que carregamos indefinidamente, ela se torna uma ferramenta para o crescimento pessoal.

Uma das maneiras mais eficazes de lidar com a culpa é praticar a autocompaixão. Isso envolve tratar a si mesmo com a mesma gentileza e compreensão que ofereceria a um amigo. Em vez de se criticar severamente por um erro, pergunte a si mesmo: "O que posso aprender com isso? Como posso reparar o dano?" Essa abordagem não apenas reduz o impacto negativo da culpa, mas também promove um senso de responsabilidade saudável.

Outra ferramenta poderosa é a prática do perdão, tanto em relação aos outros quanto a si mesmo. Muitas vezes, carregamos culpa por situações que estão fora de nosso controle ou por ações que fizemos quando não tínhamos o conhecimento ou os recursos que temos hoje. Reconhecer isso é um passo essencial para liberar a culpa. O perdão não significa esquecer ou justificar erros, mas sim aceitar o que aconteceu e permitir-se seguir em frente.

Além disso, é importante questionar as expectativas que sustentam a culpa. Pergunte a si mesmo: "Essa expectativa é realista? Ela reflete meus valores ou foi imposta por outra pessoa ou pela sociedade?" Muitas vezes, descobrimos que estamos nos julgando com base em padrões que não fazem sentido para nossa realidade ou que não refletem quem realmente somos.

A terapia pode ser uma aliada valiosa nesse processo. Um terapeuta pode ajudar a identificar as origens da culpa e a explorar os padrões de pensamento que a perpetuam. Ele também pode oferecer ferramentas práticas para lidar com o autojulgamento e para cultivar uma relação mais equilibrada consigo mesmo.

É crucial lembrar que errar é humano. Todos cometemos erros, tomamos decisões das quais nos arrependemos ou agimos de maneiras que gostaríamos de corrigir. A culpa, quando vista sob essa perspectiva, não é um inimigo, mas um lembrete de nossa capacidade de crescer e aprender. Ela nos convida a refletir, a reparar e a seguir em frente com mais sabedoria e compaixão.

Ao transformar nossa relação com a culpa e o autojulgamento, liberamos a energia que eles consomem e criamos espaço para viver com mais leveza e autenticidade. Esse processo não é fácil, mas é profundamente libertador. Ele nos permite ver a nós mesmos como realmente somos — imperfeitos, sim, mas também dignos de amor, aceitação e paz interior.

Capítulo 10
O Que São Lealdades Invisíveis

As lealdades invisíveis são forças sutis, mas profundamente influentes, que moldam nossas escolhas, comportamentos e emoções. Dentro do contexto familiar, elas representam compromissos inconscientes que assumimos para preservar a conexão com nossos pais, irmãos e ancestrais. Embora possam parecer intangíveis, essas lealdades têm um impacto concreto em nossas vidas, muitas vezes nos levando a repetir padrões, carregar fardos emocionais ou até mesmo vivenciar ansiedades que não são realmente nossas. Compreender essas dinâmicas ocultas é um passo fundamental para alcançar uma liberdade emocional mais profunda.

A lealdade é, em sua essência, uma necessidade humana básica. Desde o nascimento, dependemos de nossos cuidadores para nossa sobrevivência. Isso cria um vínculo profundo e uma obrigação emocional — muitas vezes inconsciente — de honrar e preservar esses relacionamentos. No entanto, essa lealdade não é sempre explícita. Ela opera nos bastidores de nossas mentes, influenciando nossas decisões e comportamentos, mesmo que não tenhamos plena consciência disso.

Essas lealdades invisíveis começam a se formar na infância. Imagine uma criança que percebe, mesmo que de maneira indireta, que sua mãe está sempre triste ou sobrecarregada. Essa criança pode, inconscientemente, tentar "compensar" o sofrimento da mãe, tornando-se extremamente responsável ou até mesmo sacrificando suas próprias necessidades para aliviar o peso emocional da mãe. Esse padrão, embora possa parecer altruísta, muitas vezes resulta em ansiedade, pois a criança carrega um fardo que não é seu.

Um exemplo ainda mais sutil ocorre quando há membros da família que foram excluídos ou esquecidos, como um parente que cometeu um erro grave ou uma figura que sofreu injustiças. O sistema familiar, buscando equilíbrio, cria um tipo de lealdade invisível onde outro membro assume as emoções, padrões ou até mesmo os destinos dessa pessoa excluída. Isso pode levar a repetições inconscientes de histórias familiares, como dificuldades financeiras, fracassos nos relacionamentos ou até doenças.

Essas dinâmicas também se manifestam nas crenças e comportamentos que absorvemos de nossa família. Frases como "na nossa família, ninguém consegue ser bem-sucedido" ou "o amor sempre acaba em dor" podem parecer simples declarações, mas frequentemente representam lealdades ocultas. Ao internalizá-las, perpetuamos esses padrões, mesmo quando não desejamos conscientemente fazê-lo.

A origem dessas lealdades está enraizada na necessidade de pertencimento. Pertencer é um dos pilares mais fundamentais da psique humana. Dentro de um sistema familiar, qualquer ameaça a esse pertencimento é percebida como perigosa, mesmo que apenas em um nível inconsciente. Assim, seguimos as "regras" não ditas da família para garantir nosso lugar. No entanto, quando essas regras nos pedem que sacrifiquemos nosso bem-estar ou que vivamos de acordo com expectativas irreais, elas se tornam fontes de sofrimento.

A ansiedade frequentemente surge como um sintoma dessas lealdades invisíveis. Imagine uma pessoa que sente uma pressão constante para ter sucesso, porque, em sua família, o fracasso foi associado a vergonha ou rejeição. Essa pessoa pode não estar ciente de que sua ansiedade vem de uma necessidade de honrar um padrão familiar, mas o peso emocional dessa lealdade invisível persiste. Outro exemplo pode ser encontrado em alguém que evita relacionamentos íntimos porque, em sua família, as uniões foram marcadas por dor ou traição. Nesse caso, a ansiedade em se conectar emocionalmente é uma forma de "permanecer leal" à história familiar.

Essas lealdades também podem ser vistas no contexto de traumas transgeracionais. Quando uma geração enfrenta eventos traumáticos — como guerras, perdas ou perseguições —, as emoções associadas a esses eventos nem sempre são processadas. Elas permanecem no sistema familiar, muitas vezes se manifestando em gerações posteriores. Assim, um neto pode sentir medos inexplicáveis ou um senso de obrigação desproporcional, sem perceber que essas emoções estão ligadas às experiências de seus avós.

Reconhecer a existência dessas lealdades invisíveis é o primeiro passo para transformá-las. No entanto, esse reconhecimento não é simples. Muitas vezes, essas dinâmicas estão tão profundamente enraizadas que se confundem com nossa própria identidade. Um exemplo comum é a crença de que devemos ser fortes o tempo todo, porque vimos nossos pais esconderem suas emoções para proteger a família. Esse padrão pode parecer uma virtude, mas, na verdade, é uma lealdade invisível que nos impede de expressar nossas próprias vulnerabilidades.

Uma maneira eficaz de identificar essas lealdades é observar padrões repetitivos em nossa vida. Existem comportamentos ou emoções que parecem não ter uma causa óbvia? Há histórias familiares que se repetem, como dificuldades financeiras, problemas de saúde ou conflitos nos relacionamentos? Esses padrões podem ser indicadores de lealdades invisíveis que estão moldando nossas escolhas.

A constelação familiar é uma ferramenta poderosa para explorar e resolver essas dinâmicas. Durante uma constelação, o sistema familiar é representado de forma simbólica, revelando as conexões ocultas e as lealdades que estão em jogo. Muitas vezes, o simples ato de reconhecer essas dinâmicas já provoca uma mudança significativa. Por exemplo, uma pessoa que percebe que está carregando a culpa de um ancestral pode, simbolicamente, devolver essa carga, libertando-se do peso emocional que não é seu.

Outro aspecto importante é aprender a honrar nossas lealdades sem nos sacrificar. Isso envolve reconhecer a história e as dificuldades de nossa família, mas também entender que não precisamos repetir esses padrões para demonstrar amor ou respeito. Podemos criar nossa própria narrativa, uma que seja fiel aos nossos valores e necessidades, enquanto ainda mantemos a conexão com nossas raízes.

Além disso, é essencial cultivar a autoconsciência e a compaixão. Quando nos permitimos olhar para nossas emoções e escolhas sem julgamento, podemos começar a discernir o que realmente nos pertence e o que é fruto de influências familiares. Essa prática de introspecção pode ser realizada através de journaling, meditação ou terapia.

Uma vez que identificamos essas lealdades, é importante trabalhar na construção de novos padrões emocionais e comportamentais. Isso pode significar aprender a estabelecer limites saudáveis, redefinir nossas crenças ou até mesmo fazer escolhas que pareçam desafiadoras, mas que estejam alinhadas com nossa verdadeira essência. Por exemplo, alguém que sempre sentiu a obrigação de agradar a todos pode começar a priorizar suas próprias necessidades, mesmo que isso inicialmente provoque desconforto.

Também é útil explorar a ideia de reconexão com os membros excluídos do sistema familiar. Isso não significa necessariamente restabelecer contato físico, mas sim reconhecer sua existência e importância no sistema. Muitas vezes, o simples ato de lembrar ou honrar alguém que foi excluído pode trazer equilíbrio ao sistema familiar, dissolvendo as lealdades invisíveis que perpetuam padrões disfuncionais.

É importante reconhecer que esse processo de liberação não é um ato de ruptura, mas de transformação. Libertar-se de lealdades invisíveis não significa abandonar ou desrespeitar sua família; significa, na verdade, criar uma nova forma de honrar suas raízes. É um ato de coragem e amor, tanto por você mesmo quanto pelos que vieram antes.

    As lealdades invisíveis são forças poderosas, mas não imutáveis. Ao reconhecê-las, explorá-las e transformá-las, podemos nos libertar de padrões que não nos servem mais, criando um espaço para viver com mais autenticidade, liberdade e paz. Essa jornada nos permite honrar nossa família e nossa história, enquanto construímos uma vida que reflete quem realmente somos.

Capítulo 11
Ansiedade e Lealdade Familiar

Dentro da teia complexa das emoções humanas, a ansiedade muitas vezes encontra raízes profundas nas lealdades familiares. Estas são conexões invisíveis que nos ligam a nossos pais, avós e até mesmo a gerações mais distantes. Embora essas lealdades sejam expressões de amor e pertencimento, elas podem se manifestar de maneiras que perpetuam padrões de ansiedade e sofrimento. Entender como a ansiedade pode surgir de uma necessidade inconsciente de ser leal à família é essencial para começar a libertar-se dessas dinâmicas e encontrar um caminho para o equilíbrio emocional.

A lealdade familiar é uma força poderosa, ainda que silenciosa. Desde o nascimento, somos imersos em um sistema de relações e valores que moldam nossa identidade e nosso senso de pertencimento. Em muitos casos, essa lealdade se expressa de maneira saudável, como quando buscamos honrar os sacrifícios de nossos pais ou mantemos tradições que reforçam os laços familiares. No entanto, em outras situações, ela se torna uma armadilha emocional. Isso ocorre especialmente quando nos sentimos compelidos a repetir padrões disfuncionais ou a carregar os fardos emocionais de nossos antepassados.

Imagine, por exemplo, uma pessoa que cresceu em uma família onde o trabalho árduo e o sacrifício eram exaltados como virtudes essenciais. Mesmo que ela deseje levar uma vida mais equilibrada e focada no bem-estar, pode sentir uma ansiedade persistente ao desacelerar ou ao dedicar tempo a si mesma. Essa ansiedade pode ser um reflexo de uma lealdade inconsciente à história de seus pais ou avós, que enfrentaram dificuldades extremas e acreditavam que o descanso era sinônimo de preguiça ou fracasso.

As lealdades familiares também podem se manifestar de forma ainda mais sutil, como a necessidade de compartilhar o sofrimento de um membro da família. Considere um filho que percebe, desde cedo, a tristeza ou o esgotamento emocional de um dos pais. Em um esforço inconsciente para aliviar esse peso, ele pode desenvolver uma tendência a assumir responsabilidades excessivas ou a colocar as necessidades dos outros acima das suas. Esse padrão, quando mantido na vida adulta, frequentemente leva à ansiedade, pois a pessoa se sente sobrecarregada por demandas emocionais que nunca foram suas para carregar.

Outro exemplo comum de lealdade familiar ligada à ansiedade é o de repetir fracassos ou dificuldades de gerações anteriores. Em algumas famílias, pode haver uma espécie de "contrato invisível" que parece impedir que os membros alcancem certos níveis de sucesso ou felicidade. Isso não significa que essas pessoas escolham conscientemente fracassar, mas sim que há um impulso interno, frequentemente inconsciente, que as impede de ultrapassar as realizações ou limites emocionais impostos por sua história familiar. A ansiedade surge como um sinal desse conflito interno entre o desejo de crescer e a necessidade de permanecer leal ao sistema familiar.

Essas lealdades também podem ser vistas em famílias que enfrentaram traumas ou perdas significativas. Quando uma geração não consegue processar completamente sua dor, as emoções não resolvidas podem ser transmitidas aos descendentes. Por exemplo, em uma família marcada pela perda de um ente querido, os membros mais jovens podem carregar um senso inexplicável de tristeza ou de responsabilidade, como se precisassem compensar ou honrar essa ausência. Essa carga emocional, quando não reconhecida, frequentemente se manifesta como ansiedade.

A dinâmica das lealdades invisíveis muitas vezes está ligada a crenças e padrões aprendidos na infância. Mensagens como "na nossa família, ninguém abandona ninguém" ou "sempre cuidamos uns dos outros, não importa o custo" podem parecer nobres, mas frequentemente levam à autocobrança e à negação das próprias necessidades. Uma pessoa que cresceu com esses valores pode se sentir culpada ou ansiosa ao tentar estabelecer limites ou ao priorizar sua própria saúde emocional.

Um aspecto fascinante das lealdades familiares é como elas podem transcender o tempo e as gerações. Estudos em epigenética sugerem que traumas e experiências emocionais intensas podem deixar marcas nos genes, que são então transmitidas aos descendentes. Embora não carreguemos diretamente os eventos vividos por nossos ancestrais, essas marcas podem influenciar nossa biologia e nossa disposição emocional, criando uma predisposição à ansiedade ou a outros estados emocionais. Assim, uma pessoa que nunca experimentou diretamente um evento traumático pode, ainda assim, sentir o impacto emocional dele através de suas lealdades familiares.

Reconhecer essas lealdades é um passo essencial para começar a romper o ciclo de ansiedade que elas podem gerar. No entanto, esse reconhecimento nem sempre é fácil. Muitas vezes, esses padrões estão tão profundamente enraizados que parecem ser parte de nossa identidade. Um exemplo disso é alguém que acredita que sempre precisa ser forte para proteger os outros. Essa pessoa pode não perceber que sua necessidade de ser um pilar de força vem de uma lealdade a um parente que enfrentou grandes desafios sozinho.

A constelação familiar é uma ferramenta poderosa para revelar essas dinâmicas ocultas. Durante uma constelação, as relações e os padrões familiares são explorados de maneira simbólica, permitindo que os participantes vejam e compreendam as forças que estão influenciando suas emoções e comportamentos. Muitas vezes, esse processo traz à tona verdades inesperadas, como a percepção de que uma ansiedade aparentemente sem causa é, na verdade, um reflexo de uma lealdade a alguém no sistema familiar.

Um dos aspectos mais transformadores de trabalhar com lealdades invisíveis é aprender a honrá-las sem se sacrificar. Isso envolve reconhecer a dor e os desafios de nossos antepassados, mas também entender que não precisamos repetir suas histórias para demonstrar amor ou respeito. Por exemplo, uma pessoa que sente ansiedade ao buscar sua independência financeira pode se beneficiar ao reconhecer que, embora honre os sacrifícios de seus pais ou avós, ela não precisa perpetuar a escassez que marcou a vida deles.

Além disso, é importante cultivar a compaixão por si mesmo e pelos outros ao explorar essas dinâmicas. As lealdades invisíveis são uma expressão de amor, mesmo quando nos causam sofrimento. Ao abordá-las com gentileza e curiosidade, em vez de julgamento, criamos espaço para mudanças significativas.

Uma maneira prática de começar a romper com essas lealdades é identificar os padrões repetitivos em sua vida e perguntar: "De onde isso vem? Isso realmente me pertence?" Essa prática de questionamento pode revelar conexões inesperadas com histórias familiares ou crenças herdadas. Outra abordagem útil é criar rituais simbólicos para "devolver" as emoções ou responsabilidades que não são suas. Por exemplo, visualizar-se entregando um peso emocional a um ancestral, com gratidão e amor, pode ser uma maneira poderosa de liberar essas cargas.

É crucial lembrar que libertar-se dessas lealdades não significa romper com sua família ou desrespeitar sua história. Pelo contrário, é uma forma de honrar suas raízes enquanto cria um caminho autêntico para si mesmo. Isso permite que você viva de acordo com seus próprios valores e desejos, ao mesmo tempo em que mantém uma conexão saudável com sua família.

Explorar a relação entre ansiedade e lealdades familiares é uma jornada de autodescoberta e transformação. Ao trazer à luz essas forças invisíveis, podemos começar a liberar os padrões que nos mantêm presos, permitindo-nos viver com mais liberdade e autenticidade. Mais do que isso, ao curar essas dinâmicas em nós mesmos, criamos a oportunidade de quebrar ciclos para as gerações futuras, oferecendo-lhes um legado emocional mais leve e saudável.

Capítulo 12
Carga Emocional dos Antepassados

Dentro de cada família, há um fio invisível que conecta gerações, tecendo uma história compartilhada de experiências, emoções e eventos que moldam a identidade coletiva. Muitas vezes, esse fio carrega não apenas histórias de amor, triunfo e sobrevivência, mas também traumas, perdas e dores não resolvidas. A carga emocional dos antepassados é um fenômeno complexo, no qual os descendentes herdados não apenas características físicas ou traços de personalidade, mas também fragmentos emocionais de gerações passadas. Essa herança pode influenciar profundamente nossas vidas, gerando ansiedades, medos ou padrões que parecem não ter origem clara.

A transmissão de emoções e traumas através das gerações não é apenas uma ideia abstrata; ela encontra respaldo tanto em narrativas familiares quanto em estudos científicos. A epigenética, um campo em expansão dentro da biologia, sugere que experiências traumáticas podem deixar marcas nos genes, alterando sua expressão sem modificar sua estrutura. Essas alterações, conhecidas como mudanças epigenéticas, podem ser transmitidas de pais para filhos. Assim, os descendentes de pessoas que viveram eventos traumáticos, como guerras, fome ou perseguições, podem herdar uma predisposição para ansiedade, depressão ou outros estados emocionais, mesmo sem terem vivenciado diretamente esses eventos.

Além das marcas genéticas, há também a transmissão emocional que ocorre por meio das interações familiares. Crianças absorvem não apenas as palavras ditas, mas também os silêncios, os olhares, as tensões e os padrões de comportamento de seus cuidadores. Se uma geração anterior sofreu uma perda significativa que nunca foi plenamente processada, essa dor pode se manifestar como um vazio emocional ou um comportamento evitativo que é passado adiante. Esse padrão é, muitas vezes, inconsciente, mas seus efeitos podem ser profundos.

Um exemplo clássico de carga emocional herdada é o de famílias que enfrentaram migrações forçadas ou grandes adversidades econômicas. Imagine uma família onde os avós fugiram de um país em guerra, deixando tudo para trás. Embora as gerações seguintes possam ter crescido em circunstâncias mais estáveis, o medo da perda ou a necessidade de acumular recursos podem persistir como um comportamento herdado. Um neto, por exemplo, pode sentir uma ansiedade constante em relação à segurança financeira, mesmo sem ter enfrentado escassez diretamente. Esse medo, enraizado na experiência dos antepassados, pode ser transmitido como uma herança emocional invisível.

Outro exemplo pode ser encontrado em famílias onde houve exclusões ou segredos. Quando um membro da família é apagado da narrativa, seja devido a um erro grave ou a circunstâncias dolorosas, o sistema familiar tende a buscar equilíbrio de formas inesperadas. Os descendentes podem, inconscientemente, "representar" a pessoa excluída, assumindo características, padrões ou até mesmo destinos semelhantes. Por exemplo, um bisneto pode sentir uma tristeza persistente sem causa aparente, que na verdade está conectada à dor de um ancestral que foi afastado ou esquecido.

A carga emocional dos antepassados também pode se manifestar em crenças e valores que são transmitidos de geração em geração. Frases como "nossa família sempre lutou para sobreviver" ou "não confiamos em estranhos" refletem não apenas histórias familiares, mas também a maneira como essas histórias moldaram a visão de mundo de cada geração. Essas crenças, quando internalizadas, podem criar limitações emocionais ou comportamentais. Por exemplo, alguém que cresceu ouvindo que "não é seguro sonhar alto" pode sentir uma ansiedade paralisante ao tentar perseguir seus objetivos, mesmo que não tenha vivenciado as adversidades que deram origem a essa crença.

Essas cargas emocionais nem sempre são fáceis de identificar. Muitas vezes, elas aparecem como padrões repetitivos em nossas vidas — relacionamentos que seguem os mesmos ciclos destrutivos, dificuldades financeiras crônicas ou sentimentos de inadequação que parecem surgir do nada. Identificar esses padrões é o primeiro passo para compreender a conexão com a história familiar. Perguntas como "De onde vem esse medo? Isso realmente me pertence?" podem começar a desvendar os fios invisíveis que ligam nossas emoções e comportamentos às experiências de nossos antepassados.

A constelação familiar é uma ferramenta poderosa para explorar essas dinâmicas. Durante uma sessão, as relações familiares são representadas de maneira simbólica, permitindo que padrões ocultos venham à tona. Muitas vezes, o simples ato de reconhecer a dor ou o trauma de um ancestral já é suficiente para trazer alívio. Por exemplo, ao perceber que sua ansiedade está conectada à experiência de um avô que perdeu tudo em uma crise econômica, uma pessoa pode começar a se libertar do peso dessa herança emocional, reconhecendo que a história não precisa se repetir.

Outro aspecto importante desse trabalho é a reconexão com os membros excluídos do sistema familiar. Honrar essas pessoas, mesmo que apenas simbolicamente, pode restaurar o equilíbrio no sistema, aliviando as cargas emocionais que foram transmitidas aos descendentes. Isso pode ser feito através de rituais simples, como acender uma vela em memória de um ancestral ou simplesmente reconhecer sua existência e importância.

Além da constelação familiar, práticas como journaling, terapia ou meditação também podem ajudar a explorar e processar as emoções herdadas. Escrever sobre sua história familiar, incluindo o que você sabe sobre seus ancestrais e os padrões que observa em sua própria vida, pode revelar conexões inesperadas. Meditar sobre as emoções que surgem ao pensar em sua família pode ajudá-lo a identificar sentimentos ou padrões que você talvez não tenha percebido antes.

É importante lembrar que, embora possamos carregar as emoções e os traumas de nossos antepassados, não somos definidos por eles. Temos o poder de escolher como responder a essa herança. Isso pode significar estabelecer novos padrões emocionais, redefinir crenças ou simplesmente permitir-se sentir e processar emoções que antes eram reprimidas. Ao fazer isso, não apenas nos libertamos dessas cargas, mas também criamos um legado emocional mais saudável para as gerações futuras.

Outra abordagem poderosa para lidar com a carga emocional dos antepassados é praticar a gratidão. Reconhecer os sacrifícios e as dificuldades enfrentadas pelas gerações anteriores pode nos ajudar a ver essa herança sob uma nova luz. Em vez de carregar essas emoções como um peso, podemos transformá-las em uma fonte de força e resiliência. Isso não significa ignorar a dor ou os traumas, mas sim integrá-los de maneira que nos permita seguir em frente com mais consciência e equilíbrio.

Cultivar a autoconsciência também é essencial nesse processo. Ao prestar atenção às emoções que surgem em diferentes situações, podemos começar a distinguir entre o que realmente nos pertence e o que é uma herança emocional. Práticas como mindfulness ou ioga podem ajudar a criar esse espaço de consciência, permitindo-nos observar nossos sentimentos sem julgamento e com maior clareza.

É importante reconhecer que liberar a carga emocional dos antepassados é um processo contínuo. Não é algo que pode ser resolvido de uma vez, mas sim uma jornada de autodescoberta e cura. Ao nos permitirmos explorar e transformar essas dinâmicas, não apenas encontramos alívio para nossa própria ansiedade, mas também criamos um caminho mais leve para aqueles que virão depois de nós.

A carga emocional dos antepassados é uma parte inevitável da experiência humana, mas não precisa ser um fardo eterno. Ao trazer essas dinâmicas à luz, honrá-las e escolher conscientemente como respondê-las, criamos a oportunidade de viver com mais liberdade, autenticidade e paz. Esse trabalho não é apenas um presente para nós mesmos, mas também um ato de amor e respeito por nossos ancestrais e por aqueles que continuarão nossa história.

Capítulo 13
Quebrando Padrões Familiares

Os padrões familiares têm uma força quase mística, repetindo-se através das gerações de forma inconsciente, mas profundamente enraizada. Eles se manifestam em escolhas de vida, crenças, hábitos e até mesmo em comportamentos emocionais que, muitas vezes, parecem inevitáveis. Romper com esses padrões é um ato de coragem e autodescoberta, pois exige questionar o que foi aprendido, abrir espaço para novas possibilidades e, ao mesmo tempo, honrar a história familiar sem permitir que ela dite nosso destino.

Padrões familiares não são simplesmente hábitos adquiridos; eles são parte de um sistema maior. Cada família opera dentro de um conjunto de dinâmicas invisíveis que buscam equilíbrio, pertencimento e continuidade. Essas dinâmicas podem ser positivas, oferecendo suporte e identidade, mas também podem ser limitantes, perpetuando ciclos de sofrimento e ansiedade. Reconhecer esses padrões é o primeiro passo para quebrá-los.

Muitos desses padrões começam a se formar em resposta a eventos traumáticos ou significativos no passado familiar. Por exemplo, uma família que enfrentou dificuldades econômicas extremas pode desenvolver um padrão de evitar riscos ou priorizar a segurança acima de tudo. Enquanto essa estratégia pode ter sido vital para a sobrevivência da geração original, ela pode se tornar um obstáculo para os descendentes, que se sentem incapazes de perseguir seus próprios sonhos ou ambições. A ansiedade surge como um subproduto desse conflito interno entre o desejo de avançar e a lealdade inconsciente a um padrão familiar.

Outros padrões estão ligados a dinâmicas emocionais, como a tendência de evitar conflitos ou a incapacidade de expressar vulnerabilidade. Essas respostas podem ter se originado de uma necessidade legítima de proteção ou sobrevivência, mas, quando internalizadas e transmitidas de geração em geração, tornam-se limitações. Por exemplo, uma família onde a raiva sempre foi reprimida pode gerar descendentes que sentem dificuldade em estabelecer limites ou que desenvolvem ansiedade ao confrontar qualquer tipo de confronto.

A repetição desses padrões é frequentemente sustentada por lealdades invisíveis. Mesmo sem perceber, muitas pessoas seguem os mesmos caminhos de seus ancestrais como uma forma de demonstrar amor, respeito ou pertencimento. Um exemplo clássico é o de alguém que, inconscientemente, repete o fracasso profissional de um pai ou avô como forma de honrar sua luta. Essas repetições, embora inconscientes, geram uma sensação de aprisionamento, onde parece impossível escapar do destino traçado pela história familiar.

Para romper com esses ciclos, é necessário primeiro reconhecê-los. Isso começa com a observação cuidadosa dos padrões que se repetem em sua vida e em sua família. Questione: Há temas recorrentes em nossas histórias? Como esses padrões influenciam minhas escolhas? Essa exploração pode trazer à tona verdades desconfortáveis, mas também oferece um mapa para a transformação.

Além disso, é importante entender que romper com um padrão familiar não é um ato de deslealdade, mas sim uma forma de honrar sua família de maneira mais autêntica. Muitas vezes, a resistência a quebrar esses ciclos vem do medo de parecer ingrato ou desrespeitoso. No entanto, viver aprisionado por padrões limitantes não é uma demonstração de amor; é uma perpetuação do sofrimento. Escolher um caminho diferente é, na verdade, um ato de amor — tanto por você quanto por sua família.

Uma das ferramentas mais poderosas para identificar e transformar padrões familiares é a constelação familiar. Essa abordagem permite que você veja, de forma simbólica, as dinâmicas que sustentam esses ciclos. Muitas vezes, o simples ato de reconhecer um padrão e devolver a responsabilidade emocional a quem ela pertence já provoca mudanças significativas. Por exemplo, uma pessoa que percebe que está carregando o peso da culpa de um antepassado pode, através da constelação, liberar esse fardo, abrindo espaço para um novo começo.

Outra estratégia fundamental é trabalhar na criação de novas crenças e comportamentos. Isso requer um esforço consciente para questionar as mensagens internalizadas da família e substituí-las por perspectivas mais saudáveis e empoderadoras. Por exemplo, se você cresceu ouvindo que "dinheiro é sempre uma luta", pode começar a trabalhar em uma mentalidade de abundância, buscando exemplos de sucesso e criando uma nova relação com a prosperidade. Essa mudança não acontece da noite para o dia, mas cada passo dado em direção a uma nova narrativa ajuda a romper com o ciclo antigo.

Além disso, é essencial cultivar a autoconsciência. Muitas vezes, os padrões familiares operam de forma tão automática que nem percebemos quando estamos repetindo comportamentos ou crenças que não refletem quem realmente somos. Práticas como journaling, meditação ou até mesmo diálogos internos podem ajudar a identificar esses momentos. Pergunte-se: "Por que estou agindo assim? Isso reflete meus valores ou é algo que aprendi no passado?" Essa prática constante de reflexão ajuda a trazer os padrões inconscientes à luz.

Outra dimensão importante desse processo é aprender a estabelecer limites saudáveis. Muitos padrões familiares são perpetuados porque nunca foram desafiados. Estabelecer limites significa dizer "não" a comportamentos, expectativas ou dinâmicas que não servem mais a você. Embora isso possa ser desconfortável, especialmente em famílias onde os limites não são bem recebidos, é uma etapa crucial para romper com ciclos disfuncionais. Isso não significa cortar laços com sua família, mas sim redefinir as relações de uma forma que respeite suas necessidades e seu bem-estar.

Rituais de liberação simbólica também podem ser poderosos para ajudar a romper com padrões familiares. Isso pode incluir escrever uma carta para um ancestral ou um padrão específico, expressando gratidão por suas lições, mas também declarando sua intenção de seguir um caminho diferente. Queimar ou enterrar essa carta pode simbolizar a liberação desse padrão, criando um marco emocional para sua transformação.

Outro aspecto fundamental é aprender a validar suas próprias emoções e escolhas. Muitas vezes, romper com padrões familiares gera sentimentos de culpa ou dúvida, especialmente se esses ciclos foram reforçados como verdades absolutas. Nessas horas, é importante lembrar que sua jornada é única e que você tem o direito de escolher um caminho que esteja alinhado com seus valores e desejos. Validar suas escolhas é um ato de autocompaixão e resiliência.

É importante também buscar apoio durante esse processo. Romper com padrões familiares é uma tarefa desafiadora, e muitas vezes pode ser útil ter um terapeuta, mentor ou grupo de apoio para ajudá-lo a navegar pelas emoções e pelos desafios que surgirem. Essas conexões fornecem um espaço seguro para explorar suas experiências e encontrar novas maneiras de responder aos padrões familiares.

É essencial lembrar que romper com padrões familiares não significa rejeitar sua história ou suas raízes. Pelo contrário, é uma forma de honrar sua família de maneira mais autêntica, escolhendo conscientemente o que deseja levar adiante e o que precisa deixar para trás. Esse processo de transformação é, na verdade, um ato de amor profundo, tanto por você quanto por aqueles que vieram antes de você.

Quebrar padrões familiares é uma jornada de coragem, autodescoberta e crescimento. Embora desafiador, é também profundamente libertador. Ao transformar essas dinâmicas, você não apenas cria uma vida mais alinhada com quem realmente é, mas também abre caminho para que futuras gerações vivam com mais liberdade e autenticidade. É um trabalho que beneficia não apenas você, mas todo o sistema familiar, trazendo cura, equilíbrio e novas possibilidades para o presente e o futuro.

Capítulo 14
Reconciliação com o Passado

A reconciliação com o passado é uma jornada profunda e essencial para quem busca compreender e transformar suas emoções. Nossas experiências, tanto as conscientes quanto as que foram relegadas ao inconsciente, moldam nossa maneira de ver o mundo, de nos relacionar e de sentir. Quando essas memórias do passado não são reconhecidas ou integradas, elas podem se transformar em sombras emocionais que nos acompanham silenciosamente, alimentando ansiedades, medos e padrões limitantes. Reconhecer, aceitar e, por fim, reconciliar-se com essas partes de nossa história é um passo poderoso em direção à cura.

O passado não é apenas um conjunto de eventos que ficaram para trás; ele vive em nossas memórias, em nossos corpos e até em nossas emoções. Muitas vezes, tentamos ignorar ou minimizar experiências dolorosas, acreditando que o tempo, por si só, será suficiente para apagá-las. Contudo, a verdade é que o tempo, sem reflexão e aceitação, não cura. Ele apenas arquiva as feridas em camadas mais profundas, onde elas continuam a influenciar nossas decisões e a gerar desconforto emocional.

Um exemplo claro disso é a ansiedade que pode surgir de eventos passados não resolvidos. Imagine uma pessoa que sofreu rejeição em uma relação importante na infância. Embora tenha crescido e seguido em frente, essa experiência não processada pode se manifestar em sua vida adulta como um medo constante de abandono ou como dificuldade em estabelecer relações íntimas. Mesmo que ela não esteja consciente da conexão, o passado está presente, moldando seu comportamento e suas emoções.

A reconciliação com o passado começa com o reconhecimento. Isso significa olhar para sua história com honestidade e coragem, sem minimizar ou justificar o que aconteceu. Esse processo pode ser desafiador, especialmente porque muitas pessoas têm medo de revisitar experiências dolorosas. No entanto, ignorar essas memórias apenas perpetua seu impacto. Reconhecer o que aconteceu não significa culpar ou ficar preso ao passado, mas sim aceitar sua existência como parte da sua jornada.

Para muitas pessoas, o maior obstáculo nesse processo é a culpa ou a vergonha associada ao passado. Há um senso de autocrítica que nos leva a pensar: "Eu deveria ter feito algo diferente" ou "Eu mereci o que aconteceu". Esses pensamentos criam barreiras emocionais que dificultam a reconciliação. Trabalhar com a autocompaixão é essencial aqui. Aceitar que você fez o melhor que podia com os recursos emocionais e as circunstâncias que tinha na época é um passo fundamental para liberar essas emoções autodestrutivas.

Outro aspecto importante da reconciliação com o passado é compreender as dinâmicas familiares que moldaram nossas experiências. Muitas vezes, as feridas que carregamos não são apenas nossas; elas fazem parte de um padrão geracional. Por exemplo, uma pessoa que cresceu em um ambiente onde o amor era condicional pode perceber que seus pais também enfrentaram dificuldades para expressar afeto devido às próprias experiências de infância. Essa percepção não minimiza o impacto das feridas, mas permite que você veja a situação com mais clareza e compaixão.

A constelação familiar é uma ferramenta poderosa para explorar essas dinâmicas e trazer à luz o que foi escondido ou ignorado. Durante uma constelação, as relações e emoções familiares são representadas simbolicamente, permitindo que você veja o passado sob uma nova perspectiva. Muitas vezes, isso inclui reconhecer membros da família que foram excluídos ou honrar experiências difíceis que foram ignoradas. Esse ato simbólico de reconciliação pode trazer uma sensação de alívio e fechamento emocional.

A reconciliação com o passado também envolve aceitar a dualidade das experiências humanas. Todos enfrentamos momentos de dor, perda e fracasso, mas também vivemos momentos de alegria, amor e crescimento. Reconhecer essa dualidade nos ajuda a integrar nossas experiências de forma mais completa, em vez de nos concentrarmos apenas nos aspectos negativos. É um lembrete de que, embora o passado tenha sido difícil, ele também contribuiu para nossa força e resiliência.

Uma prática útil nesse processo é o journaling. Escrever sobre suas memórias, emoções e reflexões pode ajudá-lo a organizar seus pensamentos e a compreender melhor o impacto do passado em sua vida. Perguntas como "O que essa experiência me ensinou?" ou "Como posso transformar essa dor em crescimento?" podem guiar esse processo de introspecção. O ato de escrever permite que você processe emoções que talvez sejam difíceis de expressar verbalmente, criando um espaço seguro para explorar suas lembranças.

Outro passo importante é o perdão — tanto a si mesmo quanto aos outros. O perdão não significa justificar ou esquecer o que aconteceu, mas sim liberar o peso emocional que você carrega. Muitas vezes, carregamos ressentimento em relação a quem nos feriu, acreditando que isso nos protege. Na verdade, o ressentimento nos prende ao passado, enquanto o perdão nos liberta. Perdoar a si mesmo também é essencial, especialmente se você sente culpa por ações ou escolhas do passado. Reconhecer que você é humano e imperfeito, como todos os outros, é um ato de cura.

Além disso, trabalhar com o corpo é uma abordagem valiosa para reconciliação com o passado. Muitas vezes, emoções e traumas ficam armazenados fisicamente, manifestando-se como tensão, dores ou outros sintomas. Práticas como ioga, meditação ou terapia somática podem ajudar a liberar essas emoções armazenadas. Essas abordagens nos conectam ao presente, permitindo que experimentemos o aqui e agora sem sermos constantemente puxados de volta ao passado.

Rituais simbólicos também podem ser profundamente transformadores. Por exemplo, acender uma vela em memória de uma experiência ou pessoa significativa, plantar uma árvore para simbolizar um novo começo ou até mesmo criar um espaço dedicado para reflexão e liberação emocional podem trazer um senso de fechamento e renovação. Esses atos simbólicos não apenas honram o passado, mas também nos ajudam a seguir em frente.

A reconciliação com o passado também exige paciência e compaixão consigo mesmo. Não é um processo linear, e momentos de retrocesso são normais. Algumas memórias podem ser mais difíceis de processar do que outras, e é importante respeitar seu próprio ritmo. Buscar apoio profissional, como terapia ou grupos de apoio, pode ser útil, especialmente se você estiver lidando com traumas significativos.

É essencial lembrar que o objetivo da reconciliação com o passado não é apagá-lo, mas integrá-lo. Seu passado faz parte de quem você é, mas não define quem você será. Ao aceitar sua história com amor e coragem, você cria espaço para crescer e viver de maneira mais autêntica. Reconhecer o passado como um professor, em vez de um carrasco, transforma sua relação com ele, permitindo que você siga em frente com mais leveza e propósito.

A reconciliação com o passado é um presente que você dá a si mesmo. É uma jornada que exige coragem, mas que oferece recompensas profundas: a liberdade de viver no presente, a clareza para construir um futuro significativo e a paz de aceitar sua história como parte de sua essência, sem ser prisioneiro dela. É um ato de amor e de poder, que nos conecta à nossa verdadeira essência e nos permite florescer plenamente.

Capítulo 15
Identificando a Raiva

A raiva é uma emoção poderosa e inevitável. Embora frequentemente seja vista como negativa ou destrutiva, a raiva é, na verdade, uma resposta natural e adaptativa a situações que percebemos como injustas, ameaçadoras ou frustrantes. No entanto, a verdadeira complexidade da raiva surge quando ela não é reconhecida ou compreendida, levando à sua repressão ou explosão em momentos inadequados. Identificar a raiva — entender suas origens, seus gatilhos e como ela se manifesta em nossa vida — é essencial para transformá-la em uma ferramenta de crescimento e não em uma força destrutiva.

A raiva, como todas as emoções, tem uma função evolutiva. Nos primórdios da humanidade, ela ajudava a mobilizar energia para enfrentar ameaças imediatas, seja lutando ou fugindo. Esse impulso ainda está presente em nosso sistema nervoso, ativando respostas físicas, como aumento da frequência cardíaca, tensão muscular e respiração acelerada. No entanto, no contexto moderno, onde muitas ameaças são mais emocionais ou sociais do que físicas, a raiva frequentemente se manifesta de maneiras menos diretas.

O primeiro passo para identificar a raiva é entender que ela não é apenas uma emoção isolada. Ela frequentemente está conectada a outras experiências emocionais, como tristeza, medo ou vergonha. Por exemplo, alguém que se sente ignorado ou rejeitado pode inicialmente experimentar tristeza, mas, se essa emoção não for expressa ou validada, ela pode se transformar em raiva. Assim, a raiva muitas vezes funciona como uma máscara para sentimentos mais vulneráveis, tornando-a mais difícil de identificar em sua origem.

Os gatilhos da raiva variam de pessoa para pessoa, mas geralmente estão ligados a situações que desafiam nossas crenças, valores ou limites. Um exemplo comum é a raiva que surge quando sentimos que fomos tratados injustamente. Essa sensação de injustiça pode ser explícita, como ser desrespeitado em uma conversa, ou mais sutil, como perceber que nossas contribuições em um projeto foram ignoradas. Em ambos os casos, a raiva é uma reação ao que percebemos como uma violação de nosso valor ou dignidade.

Outro gatilho comum da raiva é o sentimento de impotência. Quando nos encontramos em situações onde não temos controle ou onde nossas necessidades não são atendidas, a raiva pode surgir como uma tentativa de recuperar o senso de poder. Por exemplo, uma pessoa que enfrenta dificuldades financeiras pode sentir raiva de si mesma, do sistema ou das circunstâncias, mesmo que não haja uma solução imediata. Essa raiva, embora compreensível, muitas vezes permanece sem direção clara, acumulando-se como frustração.

Para muitas pessoas, identificar a raiva é complicado porque elas foram ensinadas a reprimi-la. Desde cedo, mensagens como "Não fique bravo" ou "Você precisa manter a calma" podem levar à internalização da ideia de que a raiva é inaceitável. Isso é especialmente verdadeiro em culturas ou famílias onde expressar emoções intensas é desencorajado. Como resultado, a raiva reprimida frequentemente se manifesta de maneiras indiretas, como irritabilidade, sarcasmo ou comportamentos passivo-agressivos.

Outra barreira para identificar a raiva é a tendência de projetá-la em outras pessoas ou situações. Isso ocorre quando não reconhecemos nossa própria raiva e, em vez disso, a atribuímos a fatores externos. Por exemplo, alguém que está insatisfeito com seu trabalho pode culpar constantemente seus colegas ou supervisores, sem perceber que a verdadeira fonte de sua raiva é o descontentamento com suas próprias escolhas ou limitações. Essa projeção impede que a pessoa enfrente diretamente o que realmente está causando sua emoção.

Além disso, a raiva pode ser confundida com outras emoções ou experiências. Muitas vezes, sentimentos de ansiedade ou estresse intenso podem mascarar a raiva subjacente. Imagine uma pessoa que está constantemente preocupada com prazos no trabalho. Sob essa ansiedade pode haver uma raiva reprimida em relação às demandas excessivas ou à falta de reconhecimento por seu esforço. Quando não identificamos essa raiva, perdemos a oportunidade de abordar a verdadeira causa do desconforto.

Para identificar a raiva de maneira eficaz, é útil prestar atenção aos sinais físicos e emocionais. O corpo frequentemente reage à raiva antes mesmo de termos consciência dela. Sinais como tensão no maxilar, aperto no peito ou mãos trêmulas podem indicar que estamos sentindo raiva, mesmo que não estejamos prontos para admitir isso. Da mesma forma, pensamentos recorrentes sobre uma situação ou pessoa específica podem ser um indício de que a raiva está presente, mesmo que esteja sendo reprimida ou desviada.

Outro método eficaz para identificar a raiva é explorar os padrões em nossas reações emocionais. Pergunte a si mesmo: "O que me irrita com frequência? Existem situações ou pessoas que desencadeiam reações desproporcionais em mim?" Essas perguntas podem revelar os gatilhos específicos de sua raiva e ajudá-lo a conectar esses gatilhos a experiências ou crenças subjacentes.

A introspecção também é essencial. Isso envolve reservar um tempo para refletir sobre suas emoções sem julgamento. Práticas como journaling ou meditação podem ser particularmente úteis. Escrever sobre uma situação que o deixou irritado pode ajudá-lo a explorar não apenas o que aconteceu, mas também como isso se conecta a suas necessidades e valores. Da mesma forma, a meditação pode ajudar a criar um espaço interno onde você possa observar suas emoções sem ser dominado por elas.

No entanto, identificar a raiva é apenas o começo. Uma vez que você reconheça sua presença, é importante explorar o que ela está tentando lhe dizer. A raiva, em sua essência, é uma emoção motivadora. Ela nos alerta para problemas que precisam ser resolvidos e nos dá energia para agir. Por exemplo, a raiva que surge de uma injustiça pode ser um sinal de que seus limites foram violados e de que é necessário restabelecê-los. Da mesma forma, a raiva em relação a si mesmo pode indicar áreas onde você sente que não está atendendo às suas próprias expectativas, oferecendo uma oportunidade de reflexão e crescimento.

É crucial lembrar que a raiva, quando expressa de maneira saudável, pode fortalecer nossos relacionamentos. Muitas vezes, tentamos esconder nossa raiva por medo de causar conflito, mas isso pode levar a ressentimentos que corroem a conexão emocional. Em vez disso, comunicar sua raiva de maneira assertiva — por exemplo, dizendo "Eu me senti frustrado quando isso aconteceu" — pode abrir um diálogo que promove entendimento e resolução.

Além disso, é importante reconhecer que a raiva nem sempre exige ação imediata. Em algumas situações, dar um passo atrás e permitir que a emoção se acalme antes de responder é a melhor abordagem. Isso evita que você diga ou faça algo de que possa se arrepender mais tarde e permite que você enfrente a situação com mais clareza.

É útil lembrar que a raiva não é uma emoção a ser temida ou rejeitada. Quando bem compreendida, ela é uma aliada poderosa que nos ajuda a proteger nossos valores, a estabelecer limites e a buscar mudanças positivas. Identificar e aceitar sua raiva é um ato de autoconhecimento e empoderamento. Ela nos ensina sobre nossas necessidades e desejos mais profundos, guiando-nos em direção a uma vida mais autêntica e equilibrada.

A jornada para identificar a raiva é um processo contínuo de autodescoberta. Requer paciência, compaixão e a disposição de olhar para dentro. Ao aprender a reconhecer essa emoção em todas as suas formas, você se torna mais capaz de responder a ela de maneira construtiva, transformando a raiva de uma força destrutiva em uma fonte de força e clareza. Essa prática não apenas promove o crescimento pessoal, mas também fortalece suas relações e cria um espaço para viver com mais liberdade emocional.

Capítulo 16
Origem da Raiva

A raiva, muitas vezes percebida como uma emoção intensa e imprevisível, raramente surge do nada. Sua origem está profundamente enraizada em experiências passadas, contextos familiares e padrões culturais. Para compreender plenamente a raiva e lidar com ela de forma saudável, é crucial explorar suas raízes, que frequentemente estão conectadas a traumas, frustrações acumuladas e expectativas não atendidas. Entender de onde a raiva vem nos permite transformá-la em uma aliada, em vez de uma força que nos domina.

Desde a infância, aprendemos a reagir ao mundo com base nas experiências que vivemos e nas mensagens que recebemos. A raiva é uma dessas respostas. Quando uma criança sente que suas necessidades não estão sendo atendidas — como afeto, segurança ou atenção —, a raiva pode ser a primeira emoção que surge. Ela é um sinal claro de que algo está errado e precisa ser resolvido. No entanto, quando essa raiva é ignorada, punida ou reprimida, ela se acumula e encontra outras formas de se manifestar ao longo da vida.

Imagine uma criança que, ao tentar expressar sua frustração, é constantemente silenciada com frases como "não chore" ou "seja forte". Esse tipo de resposta ensina a criança que a raiva é inaceitável e deve ser escondida. Ao crescer, essa pessoa pode continuar a suprimir sua raiva, transformando-a em ansiedade, comportamentos autossabotadores ou até problemas de saúde física, como dores de cabeça ou tensão muscular. Nesse caso, a origem da raiva está na repressão de suas emoções naturais e na falta de um espaço seguro para expressá-las.

Outro aspecto importante na origem da raiva são as experiências de injustiça ou traição. Situações em que alguém se sente desrespeitado, traído ou tratado de forma desigual podem criar uma raiva intensa. Essa emoção é uma resposta natural a essas situações, pois sinaliza que os limites pessoais foram violados. No entanto, quando a injustiça não é resolvida, a raiva pode se transformar em ressentimento, afetando profundamente os relacionamentos e o bem-estar emocional.

Além disso, a raiva frequentemente tem raízes na frustração. Quando não conseguimos atingir nossos objetivos, resolver problemas ou superar desafios, a frustração pode se acumular, transformando-se em raiva. Por exemplo, alguém que trabalha arduamente em um projeto e vê seus esforços ignorados ou desvalorizados pode sentir raiva como resultado dessa frustração. Essa raiva, se não for reconhecida, pode se manifestar de forma indireta, como irritabilidade ou desânimo.

As expectativas não atendidas também estão entre as principais origens da raiva. Quando esperamos algo de uma pessoa, situação ou até de nós mesmos e essas expectativas não são cumpridas, a raiva pode surgir. Por exemplo, um pai que investe tempo e energia na criação de seus filhos pode sentir raiva se acredita que não está recebendo o respeito ou a gratidão que esperava. Da mesma forma, alguém que coloca altas expectativas em si mesmo pode se sentir frustrado e com raiva quando falha em alcançar seus próprios padrões.

Outra origem importante da raiva está nas dinâmicas familiares. Os relacionamentos com pais, irmãos e outros membros da família têm um impacto significativo na maneira como lidamos com essa emoção. Se uma pessoa cresceu em um ambiente onde a raiva era expressa de forma explosiva ou, ao contrário, nunca era permitida, ela pode internalizar padrões disfuncionais em relação a essa emoção. Por exemplo, um indivíduo que testemunhou frequentes discussões violentas entre os pais pode desenvolver medo da raiva e evitar expressá-la, mesmo quando é necessário defender seus limites.

As lealdades familiares também desempenham um papel na origem da raiva. Muitas vezes, inconscientemente, carregamos emoções ou padrões que pertencem a gerações anteriores. Imagine uma avó que viveu em um ambiente de repressão e nunca teve permissão para expressar sua raiva. Essa emoção reprimida pode ser transmitida aos descendentes, que sentem uma raiva inexplicável sem saber sua origem. Esse fenômeno, conhecido como transmissão transgeracional, mostra como a raiva pode ser herdada e perpetuada dentro de um sistema familiar.

Além disso, traumas não resolvidos são uma das fontes mais profundas de raiva. Quando uma pessoa experimenta abuso, perda ou qualquer evento que cause dor emocional significativa, a raiva é uma resposta natural. No entanto, se o trauma não for processado, essa raiva pode permanecer latente, manifestando-se em momentos inesperados ou em situações aparentemente sem relação. Por exemplo, alguém que foi vítima de negligência na infância pode sentir raiva intensa em situações onde se sente ignorado ou rejeitado, mesmo que essas situações não sejam tão graves quanto o trauma original.

A cultura e a sociedade também influenciam a origem da raiva. Em muitos contextos, existem normas que determinam como e quando a raiva pode ser expressa. Por exemplo, em algumas culturas, homens podem ser incentivados a expressar raiva como um sinal de força, enquanto mulheres são desencorajadas a fazê-lo, pois isso pode ser visto como um comportamento inadequado. Essas expectativas culturais criam barreiras para o reconhecimento e a expressão saudável da raiva, perpetuando padrões disfuncionais.

Além disso, a sociedade moderna, com seu ritmo acelerado e altas demandas, contribui para o surgimento de raiva. O estresse constante, a competição e a falta de tempo para descansar e se reconectar consigo mesmo criam um terreno fértil para a frustração e a irritação. Muitas vezes, as pessoas sentem raiva de situações fora de seu controle, como problemas no trânsito, sobrecarga de trabalho ou injustiças sociais. Essas fontes externas de raiva refletem como o ambiente em que vivemos pode amplificar nossas emoções internas.

    Identificar a origem da raiva exige introspecção e disposição para explorar aspectos profundos de nossa história e de nossas emoções. Isso pode começar com perguntas simples, como: "Quando foi a última vez que me senti com raiva? O que desencadeou essa emoção? Há algo nessa situação que me lembra experiências anteriores?" Essas reflexões podem revelar padrões ocultos e conexões com o passado que ajudam a entender melhor a origem da raiva.

    A terapia é uma ferramenta valiosa para explorar a origem da raiva. Um terapeuta pode ajudar a identificar gatilhos emocionais, traumas não resolvidos e padrões familiares que contribuem para essa emoção. Além disso, práticas como a constelação familiar podem revelar como a raiva está conectada a dinâmicas transgeracionais, oferecendo uma nova perspectiva e a oportunidade de liberar emoções reprimidas.

    Outra abordagem eficaz é a prática de mindfulness, que nos ensina a observar nossas emoções sem julgamento. Quando sentimos raiva, em vez de reagir imediatamente, podemos nos perguntar: "De onde isso vem? O que minha raiva está tentando me dizer?" Essa curiosidade abre espaço para explorar a origem da emoção, em vez de ser controlado por ela.

    Reconhecer a origem da raiva também envolve aceitar que ela faz parte de nossa humanidade. Em vez de ver a raiva como algo errado ou indesejável, podemos entender que ela é um sinal de que algo precisa de atenção. Essa mudança de perspectiva nos permite abordar a raiva com mais compaixão e responsabilidade.

    Compreender a origem da raiva é um ato de autoconhecimento e transformação. Ao explorar suas raízes, podemos libertar-nos de padrões disfuncionais, processar emoções não resolvidas e criar um espaço para viver com mais equilíbrio e autenticidade. A raiva, quando compreendida, deixa de ser um fardo e se torna uma força de crescimento, guiando-nos para um relacionamento mais saudável conosco mesmos e com os outros.

Capítulo 17
Impacto da Raiva Não Resolvida

A raiva, quando ignorada ou mal administrada, tem um impacto profundo em nossa saúde emocional, física e em nossos relacionamentos. Embora seja uma emoção natural e essencial para nossa sobrevivência, sua repressão ou expressão inadequada pode criar um ciclo destrutivo que alimenta ansiedade, culpa e desconexão. Para entender completamente o impacto da raiva não resolvida, é necessário explorar como ela influencia diferentes aspectos da vida, desde os processos internos até as interações com o mundo ao nosso redor.

A raiva não resolvida frequentemente opera como uma energia latente. Quando suprimida, ela não desaparece; em vez disso, fica armazenada em nosso corpo e mente, buscando uma saída. Essa energia reprimida pode se manifestar de várias maneiras, muitas vezes de forma indireta. Por exemplo, pessoas que evitam enfrentar suas emoções podem experimentar sintomas físicos como tensão muscular, dores de cabeça, problemas digestivos ou fadiga crônica. Esses sinais são, na verdade, uma tentativa do corpo de lidar com o peso emocional da raiva acumulada.

Além dos sintomas físicos, a raiva não resolvida também se manifesta em padrões emocionais disfuncionais. Muitos indivíduos desenvolvem irritabilidade constante, um estado em que pequenas irritações desencadeiam reações desproporcionais. Isso ocorre porque a raiva reprimida age como um barril de pólvora emocional, tornando a pessoa mais sensível a gatilhos aparentemente inofensivos. Essa irritabilidade pode criar uma sensação de alienação, pois os outros muitas vezes interpretam essas reações como despropositadas ou excessivas.

Outro impacto significativo da raiva não resolvida é o aumento da ansiedade. A conexão entre essas duas emoções é estreita: enquanto a raiva é uma resposta ativa a uma ameaça ou injustiça percebida, a ansiedade surge de um estado de alerta constante em relação a essas situações. Quando não processamos adequadamente a raiva, ela pode se transformar em uma inquietação persistente, criando um ciclo onde a ansiedade alimenta a raiva reprimida e vice-versa. Isso é particularmente comum em pessoas que foram ensinadas a evitar conflitos, mas que ainda carregam ressentimentos internos.

A culpa é outra emoção frequentemente associada à raiva não resolvida. Muitas pessoas sentem culpa por experimentar raiva, especialmente se cresceram em ambientes onde essa emoção era considerada inaceitável ou perigosa. Essa culpa cria um ciclo de repressão, onde a pessoa tenta suprimir a raiva para evitar se sentir mal consigo mesma, mas acaba acumulando ainda mais tensão emocional. Esse ciclo pode ser devastador, levando a uma autocrítica severa e a um sentimento constante de inadequação.

A raiva não resolvida também afeta profundamente os relacionamentos. Quando não reconhecemos ou processamos essa emoção, ela frequentemente transborda em nossas interações com os outros. Isso pode se manifestar como explosões de raiva, comportamentos passivo-agressivos ou até mesmo um afastamento emocional. Por exemplo, alguém que está com raiva de um parceiro por não se sentir valorizado pode, em vez de comunicar seus sentimentos, tornar-se distante ou crítico. Esse comportamento cria barreiras no relacionamento, dificultando a conexão e a compreensão mútua.

Além disso, a raiva reprimida pode levar à criação de padrões tóxicos nos relacionamentos. Por exemplo, uma pessoa que cresceu em um ambiente onde a raiva era expressa de forma explosiva pode, inconscientemente, repetir esse padrão com seus próprios parceiros ou filhos. Alternativamente, alguém que aprendeu a evitar a raiva pode atrair relacionamentos onde suas necessidades e limites são constantemente ignorados, perpetuando um ciclo de ressentimento e frustração.

A raiva não resolvida também tem um impacto significativo na saúde mental. Estudos mostram que a repressão prolongada de emoções, incluindo a raiva, está associada a condições como depressão e transtornos de ansiedade. A depressão, em particular, muitas vezes carrega uma dimensão de raiva internalizada. Em vez de expressar essa emoção externamente, algumas pessoas a dirigem para si mesmas, criando um padrão de autocrítica e desvalorização que exacerba o sofrimento emocional.

Na esfera social, a raiva não resolvida pode levar ao isolamento. Quando nos sentimos constantemente irritados ou ressentidos, é difícil manter conexões saudáveis com os outros. Amigos e familiares podem começar a evitar interações, interpretando nossa raiva como hostilidade ou falta de interesse. Esse afastamento cria um ciclo de solidão, onde a falta de apoio social intensifica ainda mais a raiva reprimida.

Além disso, a raiva não resolvida pode impactar nossa relação com o trabalho. A insatisfação com o ambiente profissional ou com colegas de trabalho muitas vezes gera raiva que, se não for reconhecida, pode levar a comportamentos destrutivos, como procrastinação, falta de motivação ou conflitos frequentes. Em alguns casos, essa emoção reprimida pode até resultar em burnout, uma condição de exaustão física e emocional causada por estresse prolongado.

Na dimensão física, os impactos da raiva não resolvida podem ser graves. Estudos indicam que emoções reprimidas estão associadas a um risco aumentado de doenças cardiovasculares, pressão alta e problemas no sistema imunológico. O corpo, constantemente sobrecarregado pela tensão emocional, entra em um estado de estresse crônico, que compromete sua capacidade de se regenerar e combater doenças. Isso reforça a ideia de que a raiva não é apenas uma questão emocional, mas também um fator de saúde integral.

Para lidar com o impacto da raiva não resolvida, o primeiro passo é reconhecer sua presença. Muitas vezes, a dificuldade em identificar essa emoção vem do medo de enfrentá-la ou do hábito de suprimí-la. No entanto, é importante lembrar que a raiva, em si, não é um problema. Ela é uma reação natural e necessária a certas circunstâncias. O problema surge quando não aprendemos a lidar com ela de maneira saudável.

Práticas de autoconsciência, como journaling ou meditação, podem ser úteis nesse processo. Escrever sobre situações que desencadeiam raiva ou refletir sobre como ela se manifesta em seu corpo e mente pode ajudá-lo a entender melhor suas raízes. Perguntas como "O que realmente me irrita nessa situação?" ou "Como posso expressar essa emoção de maneira construtiva?" podem guiar sua exploração.

Além disso, buscar formas saudáveis de expressar a raiva é essencial. Isso pode incluir conversas abertas e honestas com as pessoas envolvidas, onde você comunica seus sentimentos sem culpar ou atacar. Por exemplo, dizer "Eu me sinto desvalorizado quando isso acontece" é uma maneira de expressar sua raiva de forma assertiva e respeitosa. Essa abordagem não apenas ajuda a resolver o conflito, mas também fortalece os relacionamentos.

Práticas físicas, como exercícios ou atividades criativas, também podem ser formas eficazes de liberar a raiva acumulada. Correr, praticar esportes ou até mesmo pintar ou escrever podem ajudar a canalizar essa energia de maneira positiva. Essas atividades permitem que você processe suas emoções sem causar danos a si mesmo ou aos outros.

Buscar apoio profissional também pode ser uma parte importante do processo. Um terapeuta pode ajudá-lo a identificar as origens da raiva não resolvida, a entender seus gatilhos e a desenvolver estratégias para lidar com ela de maneira saudável. Terapias baseadas no corpo, como a terapia somática, também podem ser úteis para liberar emoções reprimidas que estão armazenadas fisicamente.

É importante lembrar que lidar com a raiva não resolvida é uma jornada, não um destino. Não há uma solução instantânea ou uma abordagem única que funcione para todos. O mais importante é estar comprometido com o processo de autoconhecimento e transformação. Ao fazer isso, você não apenas reduz o impacto negativo da raiva em sua vida, mas também descobre uma nova relação com essa emoção, onde ela se torna uma aliada em vez de um fardo.

A raiva não resolvida pode parecer uma força opressora, mas, ao enfrentá-la com coragem e compaixão, você pode transformar seu impacto. Ela deixa de ser um peso que o prende e se torna uma oportunidade de crescimento, guiando-o em direção a uma vida mais equilibrada e autêntica. Essa transformação é um presente que beneficia não apenas você, mas também aqueles ao seu redor, criando um ciclo de cura e conexão.

Capítulo 18
Liberação da Raiva

A raiva, quando não é reconhecida e liberada de maneira saudável, pode se transformar em uma força destrutiva, tanto para quem a sente quanto para os que estão ao seu redor. No entanto, quando compreendida e processada, ela se torna uma emoção valiosa, capaz de promover mudanças, restaurar limites e catalisar crescimento emocional. Liberar a raiva não significa apenas permitir que ela desapareça; significa canalizá-la de forma consciente, reconhecendo-a como uma emoção legítima e transformando sua energia em algo construtivo.

Para começar o processo de liberação da raiva, é essencial abandonar o julgamento em relação a essa emoção. Muitas pessoas foram ensinadas a acreditar que a raiva é "errada" ou "inaceitável", especialmente em contextos culturais ou familiares onde ela era reprimida ou punida. Essa internalização do julgamento dificulta o reconhecimento e a expressão da raiva. Liberá-la, portanto, começa com a aceitação: compreender que sentir raiva não é falha de caráter, mas uma resposta emocional natural e importante.

Um aspecto fundamental da liberação da raiva é identificar sua fonte. Isso requer introspecção e disposição para explorar o que está realmente por trás da emoção. Muitas vezes, a raiva é um sinal de que algo em nossas vidas está fora de equilíbrio, seja uma violação de limites, uma injustiça percebida ou uma necessidade emocional não atendida. Perguntas como "O que desencadeou essa raiva?" ou "Quais necessidades ou valores estão sendo desrespeitados?" podem ajudar a desvendar suas origens.

Uma vez que a fonte da raiva seja identificada, é útil buscar formas de expressá-la. A expressão saudável da raiva não significa explodir ou descarregá-la de maneira impulsiva, mas sim encontrar meios seguros e construtivos de externalizá-la. Uma abordagem eficaz é a comunicação assertiva, onde você expressa seus sentimentos sem culpar ou atacar os outros. Por exemplo, em vez de dizer "Você sempre me irrita!", tente algo como: "Eu me sinto frustrado quando isso acontece, porque afeta minha capacidade de me concentrar".

Além da comunicação, práticas físicas podem ser ferramentas poderosas para liberar a energia acumulada da raiva. Atividades como correr, praticar esportes, dançar ou até mesmo socar um travesseiro podem ajudar a liberar a tensão física associada a essa emoção. Essas atividades não apenas aliviam a carga emocional, mas também criam um espaço para reflexão e clareza, permitindo que você lide com a causa subjacente da raiva de maneira mais equilibrada.

Outra prática útil é o journaling. Escrever sobre sua raiva, explorando suas origens, gatilhos e sentimentos associados, pode ser uma forma segura de processá-la. Durante o journaling, permita-se ser honesto e vulnerável, sem se preocupar com gramática ou estrutura. Apenas deixe seus pensamentos fluírem. Essa prática pode revelar padrões ou insights que antes não eram óbvios, ajudando-o a compreender melhor sua relação com a raiva.

A meditação também pode desempenhar um papel importante na liberação da raiva. Embora muitas pessoas associem a meditação a estados de calma e serenidade, ela também pode ser uma ferramenta poderosa para observar emoções intensas sem ser dominado por elas. Ao meditar, você pode se concentrar na respiração, permitindo que a raiva surja e se dissipe naturalmente, sem julgamento ou repressão. Visualizar a raiva como uma energia que flui para fora de você, sendo liberada com cada expiração, pode ser particularmente eficaz.

Além disso, práticas de grounding podem ajudar a ancorar sua energia e a trazer o foco para o presente, especialmente quando a raiva parece avassaladora. Isso pode incluir caminhar descalço na grama, segurar um objeto físico ou simplesmente concentrar-se em sensações corporais, como a temperatura do ambiente ou o peso do seu corpo. Essas práticas ajudam a criar uma sensação de segurança, permitindo que você lide com a raiva de maneira mais controlada.

Rituais simbólicos também são uma maneira eficaz de liberar a raiva, especialmente em relação a situações ou pessoas do passado que não podem ser abordadas diretamente. Escrever uma carta para a pessoa ou situação que causou sua raiva, expressando tudo o que você sente, e depois queimá-la ou destruí-la pode ser profundamente libertador. Esse ato simbólico permite que você externalize sua raiva de forma segura, enquanto cria um senso de encerramento.

É importante também trabalhar com o corpo, pois a raiva frequentemente se manifesta fisicamente. A tensão no maxilar, a rigidez nos ombros e o aperto no peito são sinais de raiva acumulada. Práticas como ioga, alongamento ou massagem podem ajudar a liberar essas tensões, permitindo que a energia emocional presa no corpo seja processada. A terapia somática, que se concentra na conexão entre mente e corpo, também pode ser útil para explorar e liberar emoções reprimidas.

Outro aspecto crucial da liberação da raiva é estabelecer limites claros. Muitas vezes, a raiva surge quando nossos limites são violados repetidamente, seja por outros ou por nós mesmos. Identificar essas violações e aprender a comunicar seus limites de maneira assertiva é uma forma de evitar que a raiva se acumule. Por exemplo, se você sente raiva porque está constantemente sobrecarregado no trabalho, comunicar sua necessidade de equilíbrio ou delegar tarefas pode ajudar a reduzir essa tensão.

A prática do perdão também desempenha um papel importante na liberação da raiva. Perdoar não significa justificar ou minimizar o que aconteceu, mas sim libertar-se do peso emocional que a raiva carrega. O perdão é um processo que começa com a decisão de deixar ir e que pode ser facilitado por práticas como meditação, journaling ou terapia. Quando você perdoa, libera não apenas a raiva, mas também o poder que a situação ou pessoa tem sobre você.

Buscar apoio profissional pode ser uma parte essencial desse processo. Um terapeuta pode ajudá-lo a explorar as raízes da sua raiva, identificar padrões e desenvolver estratégias personalizadas para liberá-la. Terapias específicas, como a terapia cognitivo-comportamental, podem ser especialmente úteis para abordar os pensamentos e crenças que sustentam a raiva. A constelação familiar, por sua vez, pode revelar como dinâmicas transgeracionais influenciam sua relação com essa emoção.

Outro ponto importante é reconhecer que liberar a raiva é um processo contínuo. Não se trata de "resolver" a raiva de uma vez por todas, mas de aprender a lidar com ela de maneira saudável à medida que surge. Haverá momentos em que a raiva será mais intensa, e tudo bem. O importante é ter as ferramentas e o suporte necessários para navegar por esses momentos sem se perder neles.

É essencial adotar uma abordagem compassiva consigo mesmo durante esse processo. Liberar a raiva não é algo que acontece de forma perfeita ou linear. Haverá contratempos e momentos de frustração. O mais importante é continuar praticando a autoconsciência e buscando maneiras de expressar e transformar essa emoção.

A liberação da raiva é um ato de cuidado pessoal. É uma oportunidade de transformar uma emoção intensa em uma fonte de energia positiva, que pode ser usada para defender seus limites, buscar mudanças significativas e crescer emocionalmente. Quando aprendemos a liberar a raiva de forma saudável, não apenas encontramos mais paz interior, mas também fortalecemos nossas relações e nos tornamos mais autênticos em nossas interações. Essa transformação é um passo poderoso em direção a uma vida mais equilibrada e satisfatória.

Capítulo 19
As Quatro Raízes da Tristeza

A tristeza, em sua essência, é uma emoção universal que nos conecta à nossa vulnerabilidade, à nossa humanidade. Quando explorada profundamente, a tristeza revela uma teia de sentimentos interligados que muitas vezes têm origem em experiências de perda, rejeição, abandono e fracasso. Essas são as quatro raízes fundamentais da tristeza — os alicerces emocionais que, quando não compreendidos ou processados, podem se transformar em uma tristeza prolongada ou até mesmo em estados depressivos. Compreender essas raízes é essencial para lidar com a tristeza de forma saudável, permitindo que ela se torne uma força de transformação em vez de um fardo.

A primeira raiz da tristeza é a **perda**. Ela pode se manifestar de muitas formas: a perda de um ente querido, de um relacionamento, de um emprego ou até de um sonho. A perda está profundamente conectada à sensação de mudança e impermanência da vida. Quando algo ou alguém que valorizamos deixa de estar presente, a tristeza emerge como uma resposta natural, sinalizando que aquilo tinha significado para nós. Embora a dor da perda seja universal, cada pessoa a experimenta de maneira única, dependendo de suas experiências anteriores, de seus mecanismos de enfrentamento e da profundidade da conexão com o que foi perdido.

Muitas vezes, a perda é acompanhada por uma sensação de vazio. É como se um pedaço de nós mesmos tivesse desaparecido junto com o que foi perdido. Esse vazio, embora desconfortável, é um espaço onde podemos começar a refletir sobre o significado daquilo que perdemos e como isso moldou quem somos. Por exemplo, alguém que perdeu um relacionamento significativo pode sentir tristeza ao revisitar memórias compartilhadas, mas também pode usar esse momento para reconhecer o quanto cresceu e aprendeu com a experiência.

A segunda raiz da tristeza é a **rejeição**. Rejeição é uma experiência profundamente dolorosa porque toca em nossa necessidade fundamental de pertencimento. Desde a infância, buscamos aceitação e validação dos outros — de nossos pais, amigos, professores e, mais tarde, de parceiros românticos e colegas de trabalho. Quando somos rejeitados, sentimos que algo em nós não é suficientemente bom ou digno. Essa sensação de inadequação pode levar a uma tristeza intensa, que, se não for processada, pode se transformar em um medo crônico de rejeição.

A rejeição também é um espelho que muitas vezes amplifica nossas inseguranças. Por exemplo, alguém que já luta com baixa autoestima pode interpretar uma rejeição como uma confirmação de suas crenças negativas sobre si mesmo. Essa dinâmica cria um ciclo onde a tristeza alimenta a insegurança, e a insegurança intensifica a tristeza. Romper esse ciclo requer um trabalho interno profundo, onde aprendemos a nos validar independentemente da aceitação externa.

A terceira raiz da tristeza é o **abandono**. Abandono é mais do que a ausência física de alguém; é a sensação de ter sido deixado para trás, negligenciado ou esquecido. Essa experiência frequentemente tem origem na infância, quando uma criança sente que suas necessidades emocionais não foram atendidas por seus cuidadores. Mesmo que os pais estejam fisicamente presentes, a falta de atenção emocional ou de conexão pode ser percebida como abandono. Esse sentimento, quando não resolvido, pode se manifestar na vida adulta como um medo persistente de solidão ou como dificuldade em confiar nos outros.

O abandono também pode ser experimentado em contextos adultos, como o fim de uma amizade ou o término de um relacionamento. Nesses casos, a tristeza surge como uma resposta ao rompimento do vínculo emocional. Embora o abandono seja uma experiência profundamente dolorosa, ele também nos convida a explorar nossa capacidade de estar conosco mesmos, de encontrar força e segurança dentro de nós.

A quarta raiz da tristeza é o **fracasso**. O fracasso, real ou percebido, é uma experiência que desafia nossa identidade e nossos objetivos. Quando sentimos que não alcançamos algo importante ou que decepcionamos a nós mesmos ou aos outros, a tristeza emerge como uma reação à desconexão entre nossas expectativas e a realidade. Essa emoção é especialmente intensa em uma cultura que frequentemente associa sucesso ao valor pessoal, tornando o fracasso uma experiência não apenas frustrante, mas também vergonhosa.

O fracasso também está intimamente ligado à autocrítica. Muitas pessoas, ao enfrentar o fracasso, entram em um ciclo de culpa e autodepreciação, reforçando a ideia de que não são suficientemente boas ou capazes. Essa dinâmica intensifica a tristeza e pode levar a estados emocionais mais profundos, como desesperança ou desmotivação. No entanto, o fracasso, quando visto sob uma nova perspectiva, pode se tornar uma oportunidade para aprendizado e crescimento.

Essas quatro raízes da tristeza — perda, rejeição, abandono e fracasso — frequentemente estão interconectadas. Por exemplo, a perda de um emprego pode desencadear sentimentos de fracasso, que por sua vez podem evocar memórias de rejeição ou abandono. Essa interligação faz com que a tristeza seja uma emoção complexa, que exige tempo e paciência para ser compreendida e processada.

Reconhecer essas raízes é o primeiro passo para lidar com a tristeza de maneira saudável. Muitas vezes, o simples ato de identificar a origem da tristeza pode trazer alívio, pois nos ajuda a entender que nossas emoções não surgem do nada; elas têm uma razão de ser. Além disso, reconhecer essas raízes nos permite abordar a tristeza com mais compaixão, vendo-a não como uma fraqueza, mas como um reflexo de nossa humanidade.

Outro aspecto importante é permitir-se sentir a tristeza sem julgá-la ou reprimi-la. Em uma sociedade que valoriza a felicidade e a produtividade, muitas pessoas sentem pressão para "superar" a tristeza rapidamente. No entanto, reprimir essa emoção apenas a prolonga, tornando-a mais difícil de lidar. Reservar um tempo para processar a tristeza — seja através do choro, da reflexão ou do diálogo — é essencial para sua liberação.

As práticas de autocuidado também desempenham um papel fundamental no manejo da tristeza. Isso pode incluir atividades como journaling, meditação, exercícios físicos ou até mesmo conversar com um amigo de confiança. Essas práticas ajudam a criar um espaço seguro onde a tristeza pode ser explorada e processada sem pressa ou julgamento.

Outra ferramenta valiosa é a terapia. Um terapeuta pode ajudar a explorar as raízes da tristeza, oferecendo suporte e orientações para navegar por essas emoções de maneira saudável. Além disso, a constelação familiar pode revelar como padrões transgeracionais influenciam nossa relação com a tristeza, ajudando-nos a liberar emoções que podem não ser totalmente nossas.

É importante lembrar que a tristeza, apesar de sua intensidade, não é permanente. Ela é uma emoção transitória que, quando compreendida e processada, nos oferece uma oportunidade de crescimento e autoconhecimento. Ao explorar suas raízes e permitir-se sentir, você pode transformar a tristeza em uma fonte de força e resiliência.

As quatro raízes da tristeza são como portais para nossa humanidade. Elas nos convidam a olhar para dentro, a explorar nossas vulnerabilidades e a encontrar significado em nossas experiências. Embora dolorosa, a tristeza é também uma ponte para a conexão e a cura, lembrando-nos de que, em nossa jornada emocional, cada passo em direção à compreensão nos aproxima de quem realmente somos.

Capítulo 20
Tristeza Herdada

A tristeza herdada é uma camada profunda e muitas vezes silenciosa de nossa experiência emocional. Ela transcende o tempo e o espaço, conectando-nos às histórias, traumas e emoções de nossos antepassados. Embora não tenhamos vivido diretamente os eventos que deram origem a essa tristeza, carregamos em nós ecos dessas experiências. Compreender como a tristeza pode ser transmitida de geração em geração é essencial para desvendar os padrões emocionais que moldam nossa vida, permitindo-nos romper com ciclos de dor e construir um legado emocional mais saudável.

A ideia de tristeza herdada não é apenas uma noção filosófica ou simbólica; ela encontra respaldo em campos como a psicologia e a epigenética. A epigenética, em particular, estuda como experiências traumáticas vividas por uma geração podem alterar a expressão genética das próximas. Essas alterações não mudam a estrutura do DNA, mas ativam ou desativam certos genes, influenciando a maneira como nossos corpos e mentes respondem a estímulos. Assim, eventos como guerras, fome, perseguições ou perdas significativas podem deixar marcas emocionais que se manifestam em descendentes, mesmo décadas ou séculos depois.

Além das mudanças biológicas, a tristeza herdada também é transmitida através da cultura, das narrativas familiares e dos comportamentos aprendidos. Quando crescemos em um ambiente onde determinadas histórias ou emoções são suprimidas, mas sua presença ainda é palpável, internalizamos essas dinâmicas sem compreender totalmente sua origem. Por exemplo, uma família que evita falar sobre um evento traumático, como a perda de um membro importante, pode passar adiante um sentimento difuso de luto que permeia as gerações subsequentes.

Esse fenômeno muitas vezes se manifesta como emoções inexplicáveis ou padrões repetitivos. Uma pessoa pode sentir uma tristeza persistente, um vazio ou um peso emocional sem identificar uma causa clara em sua própria vida. Ao explorar a história familiar, pode-se descobrir que essas emoções estão conectadas a eventos vividos por seus ancestrais. Por exemplo, alguém pode carregar a tristeza de um avô que perdeu sua casa em uma guerra ou de uma bisavó que sofreu a perda de um filho.

Essas conexões emocionais não são necessariamente conscientes. Elas podem ser transmitidas de maneiras sutis, como na linguagem, nas expectativas familiares ou até mesmo em rituais cotidianos. Uma frase repetida com frequência, como "nossa família sempre teve que lutar para sobreviver", pode parecer uma simples observação, mas frequentemente carrega um peso emocional que molda as crenças e os comportamentos dos descendentes. Esse legado emocional pode se traduzir em sentimentos de desamparo, ansiedade ou tristeza persistente.

A tristeza herdada também está profundamente ligada às exclusões familiares. Quando um membro da família é excluído ou esquecido — devido a erros, tragédias ou até tabus sociais —, sua história não desaparece; ela permanece como uma energia invisível que busca ser reconhecida. Os descendentes, inconscientemente, podem "carregar" a emoção dessa exclusão, reproduzindo padrões de tristeza, fracasso ou isolamento, mesmo sem entender por quê. A constelação familiar é uma ferramenta poderosa para trazer essas exclusões à luz e restaurar o equilíbrio no sistema.

Outro aspecto importante da tristeza herdada é como ela molda nossos relacionamentos e nossa visão de mundo. Pessoas que carregam esse tipo de emoção muitas vezes sentem dificuldade em experimentar alegria plena ou em formar conexões profundas. É como se houvesse uma sombra persistente que obscurece momentos de felicidade ou realização. Essa dinâmica pode levar a padrões de autossabotagem ou a uma sensação constante de que algo está "faltando".

Para compreender e lidar com a tristeza herdada, é fundamental explorar a história familiar com curiosidade e compaixão. Perguntar sobre os eventos marcantes que moldaram a vida de seus pais, avós e outros ancestrais pode revelar conexões inesperadas entre suas emoções atuais e as experiências passadas de sua família. Por exemplo, descobrir que um antepassado enfrentou grandes dificuldades financeiras pode lançar luz sobre sentimentos inexplicáveis de medo ou escassez que você pode estar experimentando.

Além disso, é importante reconhecer que a tristeza herdada não é uma condenação, mas um convite para a cura. Ao trazer essas emoções à consciência, podemos começar a romper com padrões que foram transmitidos por gerações. Esse processo exige disposição para enfrentar as histórias difíceis de nossa família, mas também abre caminho para uma maior compreensão de nós mesmos e de nossos ancestrais.

A constelação familiar é uma prática especialmente eficaz nesse contexto. Durante uma constelação, o campo energético da família é representado de forma simbólica, permitindo que dinâmicas ocultas venham à tona. Muitas vezes, o simples ato de reconhecer a dor de um ancestral — seja através de palavras, gestos ou intenções simbólicas — é suficiente para aliviar a tristeza herdada e restaurar o equilíbrio emocional. Por exemplo, uma pessoa pode perceber que sua tristeza está ligada à exclusão de um membro da família e, ao incluir simbolicamente esse membro na constelação, sentir uma liberação emocional significativa.

Outra abordagem útil é criar rituais pessoais para honrar a história de sua família e liberar as emoções herdadas. Isso pode incluir acender uma vela em memória de um antepassado, escrever uma carta para ele expressando gratidão ou até mesmo plantar uma árvore como símbolo de novos começos. Esses rituais ajudam a transformar a tristeza em uma conexão mais saudável com o passado, permitindo que você siga em frente com mais leveza.

Além disso, práticas de autocuidado e introspecção são essenciais para lidar com a tristeza herdada. Journaling, meditação e terapia são ferramentas valiosas para explorar suas emoções e identificar como elas estão conectadas à sua história familiar. Escrever sobre suas memórias, sonhos ou sentimentos pode revelar padrões que antes passavam despercebidos. Meditar sobre essas emoções, visualizando-as como ondas que vêm e vão, pode ajudá-lo a processá-las sem ser consumido por elas.

É igualmente importante cultivar um senso de compaixão por seus ancestrais e por si mesmo. Reconhecer que seus antepassados fizeram o melhor que podiam com os recursos emocionais e materiais disponíveis é um ato de cura. Essa perspectiva ajuda a transformar a tristeza herdada em empatia, permitindo que você veja as dificuldades de sua família sob uma nova luz.

Buscar apoio profissional também pode ser crucial nesse processo. Um terapeuta especializado em dinâmicas familiares ou traumas transgeracionais pode ajudá-lo a explorar essas conexões e a desenvolver estratégias para liberar a tristeza herdada. A terapia somática, que foca na conexão entre corpo e mente, também pode ser particularmente útil, ajudando a liberar emoções armazenadas fisicamente.

É importante lembrar que romper com a tristeza herdada não significa rejeitar sua família ou sua história. Pelo contrário, é uma forma de honrar suas raízes enquanto cria um novo caminho para si mesmo e para as gerações futuras. Ao liberar essas emoções, você não apenas se liberta, mas também oferece um presente inestimável aos que vierem depois de você: a oportunidade de viver sem o peso de um passado não resolvido.

A tristeza herdada é um lembrete poderoso de que somos parte de algo maior do que nós mesmos. Ela nos conecta às lutas, às conquistas e às esperanças de nossos ancestrais, mas também nos desafia a transformar esse legado. Ao enfrentar e liberar essas emoções, criamos um espaço para alegria, crescimento e autenticidade, abrindo caminho para uma vida mais plena e significativa.

Capítulo 21
Reconhecendo a Tristeza

A tristeza, muitas vezes, é uma emoção que preferimos evitar, ignorar ou até mascarar com outras sensações. No entanto, reconhecê-la é essencial para compreendermos nosso estado emocional e seguirmos em direção à cura. Ignorar a tristeza pode fazer com que ela se esconda em camadas profundas de nossa psique, manifestando-se de forma indireta, como ansiedade, apatia ou desconexão. Reconhecê-la, por outro lado, é um ato de coragem, que nos permite processar nossas experiências de maneira autêntica e encontrar o equilíbrio emocional.

Reconhecer a tristeza começa com a disposição de observar nossas emoções sem julgamento. Isso pode ser mais desafiador do que parece, especialmente em uma cultura que muitas vezes valoriza a positividade a qualquer custo. Frases como "Seja forte" ou "Você não pode se abalar" podem nos levar a ver a tristeza como uma fraqueza, quando na verdade ela é uma resposta natural a perdas, mudanças ou desafios. Aceitar a tristeza como parte da experiência humana é o primeiro passo para reconhecê-la de forma saudável.

Um dos maiores obstáculos para reconhecer a tristeza é a tendência de reprimi-la. Isso frequentemente ocorre porque fomos ensinados a esconder nossa vulnerabilidade. Desde cedo, ouvimos mensagens que desencorajam a expressão emocional: "Engula o choro", "Não demonstre fraqueza", "Você precisa superar isso rapidamente". Essas mensagens criam um ambiente interno onde a tristeza é vista como um inimigo a ser combatido, em vez de uma emoção a ser compreendida.

A tristeza, no entanto, não desaparece quando a reprimimos; ela encontra maneiras de se manifestar. Para muitos, isso ocorre como uma sensação de apatia ou cansaço emocional. Outros podem experimentar sentimentos de vazio ou desconexão com suas vidas. Reconhecer esses sinais é fundamental para começar a explorar a tristeza de maneira consciente. Perguntar a si mesmo: "O que estou realmente sentindo?" ou "O que pode estar por trás dessa sensação de desânimo?" pode ser o início de uma jornada de autodescoberta.

Outro aspecto importante do reconhecimento da tristeza é a atenção aos gatilhos que a despertam. Muitas vezes, não prestamos atenção às situações ou pensamentos que evocam essa emoção. Por exemplo, podemos nos sentir tristes ao lembrar de uma perda passada, ao enfrentar uma rejeição ou ao perceber que nossos objetivos não foram alcançados. Identificar esses gatilhos nos ajuda a entender o que está contribuindo para a tristeza e a abordá-la de forma mais clara.

A tristeza também se manifesta fisicamente. Prestar atenção aos sinais do corpo pode ser uma maneira poderosa de reconhecê-la. Sensações como aperto no peito, um nó na garganta ou cansaço excessivo podem ser indicações de tristeza reprimida. O corpo muitas vezes nos alerta para emoções que estamos tentando ignorar, e ouvir esses sinais é essencial para iniciar o processo de cura.

Uma prática eficaz para reconhecer a tristeza é o journaling. Escrever sobre seus sentimentos, pensamentos e experiências pode ajudar a dar forma e clareza à emoção. Muitas vezes, ao colocar nossas emoções no papel, conseguimos identificar padrões ou temas que antes estavam ocultos. Perguntas como "O que está me incomodando?" ou "Qual foi a última vez que me senti verdadeiramente feliz?" podem abrir espaço para explorar sua tristeza de forma honesta.

A meditação também pode ser uma ferramenta valiosa nesse processo. Ao praticar a atenção plena, você pode observar suas emoções sem tentar mudá-las ou reprimi-las. Isso cria um espaço onde a tristeza pode surgir e ser reconhecida em sua totalidade. Durante a meditação, você pode se concentrar na respiração e permitir que a tristeza venha à superfície, observando-a como uma onda que sobe e desce. Essa prática ajuda a reduzir o medo ou a resistência à emoção, tornando mais fácil reconhecê-la e aceitá-la.

Além das práticas introspectivas, compartilhar seus sentimentos com alguém de confiança é uma maneira poderosa de reconhecer a tristeza. Falar sobre suas emoções, seja com um amigo, terapeuta ou familiar, pode trazer alívio e validação. Muitas vezes, o simples ato de colocar seus sentimentos em palavras ajuda a torná-los mais tangíveis e menos assustadores.

Outro passo crucial é identificar o papel que a tristeza desempenha em sua vida. Em vez de vê-la apenas como algo negativo, considere o que ela está tentando lhe dizer. A tristeza muitas vezes sinaliza que algo importante foi perdido ou que uma necessidade essencial não está sendo atendida. Ao ouvir essa mensagem, você pode começar a fazer mudanças que o ajudem a atender essas necessidades ou a processar suas perdas.

A tristeza também pode ser vista como uma porta para a compaixão, tanto para consigo mesmo quanto para com os outros. Reconhecer sua própria tristeza permite que você se conecte com a experiência humana universal de dor e vulnerabilidade. Isso pode fortalecer sua empatia por aqueles ao seu redor, ajudando-o a formar conexões mais profundas e significativas.

No entanto, reconhecer a tristeza não significa ficar preso a ela. Uma vez que você reconheça e valide sua emoção, é importante também encontrar formas de equilibrá-la com momentos de alegria, gratidão e esperança. Isso não significa negar a tristeza, mas sim permitir que outras emoções coexistam com ela. Praticar a gratidão, por exemplo, pode ajudá-lo a ver aspectos positivos em sua vida, mesmo em meio à dor.

É importante lembrar que o reconhecimento da tristeza é um processo contínuo. Ela pode surgir de maneira inesperada, especialmente em momentos de transição ou desafio. Manter uma abordagem aberta e compassiva em relação a essa emoção permite que você a enfrente com mais resiliência e autenticidade.

Além disso, o apoio profissional pode ser essencial para aqueles que têm dificuldade em reconhecer ou lidar com sua tristeza. Um terapeuta pode ajudá-lo a explorar suas emoções em profundidade, oferecendo ferramentas e estratégias para processá-las de maneira saudável. A constelação familiar também pode ser uma abordagem poderosa, revelando como a tristeza pode estar conectada a padrões ou dinâmicas familiares.

Reconhecer a tristeza é um ato de coragem e autoconhecimento. Em vez de vê-la como uma fraqueza ou um obstáculo, você pode começar a percebê-la como uma parte valiosa de sua jornada emocional. A tristeza nos ensina sobre nossas prioridades, nossas conexões e nossa humanidade. Ao abraçá-la com compaixão e curiosidade, você abre espaço para cura, crescimento e uma conexão mais profunda consigo mesmo e com o mundo ao seu redor.

Reconhecer a tristeza é, acima de tudo, um caminho para a autenticidade. É permitir-se sentir, ser e crescer, mesmo em momentos de dificuldade. Esse processo não apenas alivia o peso da tristeza, mas também fortalece sua capacidade de viver de maneira plena e significativa.

Capítulo 22
Curando a Tristeza

A tristeza, quando não devidamente compreendida e processada, pode transformar-se em um fardo emocional persistente, obscurecendo momentos de alegria e dificultando nosso progresso emocional. Contudo, a cura da tristeza não significa erradicá-la, mas sim integrá-la como parte de nossa experiência humana. Curar a tristeza envolve permitir-se senti-la, compreendê-la profundamente e, finalmente, transformá-la em aprendizado e crescimento. Esse processo exige paciência, autocompaixão e a disposição de explorar tanto as feridas do passado quanto as necessidades do presente.

A cura da tristeza começa com a aceitação. Muitas vezes, temos a tendência de resistir a essa emoção, temendo que ela nos consuma ou que seja um sinal de fraqueza. No entanto, a resistência apenas intensifica a dor. Quando aceitamos a tristeza como uma emoção natural e válida, criamos um espaço seguro para que ela seja sentida e processada. Essa aceitação é o primeiro passo para dissolver a carga emocional associada à tristeza.

Um aspecto crucial desse processo é a validação das emoções. Validar a tristeza significa reconhecer sua existência sem julgá-la ou minimizá-la. Isso pode ser especialmente desafiador em uma cultura que frequentemente valoriza a força e a positividade acima de tudo. Permitir-se dizer "É normal eu estar triste" ou "Tenho o direito de sentir isso" é um ato de coragem e respeito por si mesmo. Essa validação não elimina a tristeza imediatamente, mas a torna mais manejável, pois você não está mais lutando contra ela.

O próximo passo é explorar as raízes da tristeza. Muitas vezes, ela está ligada a perdas, rejeições, abandonos ou fracassos que ainda não foram totalmente processados. Revisitar essas experiências pode ser doloroso, mas também é libertador. Ao entender a origem da sua tristeza, você pode começar a dar sentido a ela e a encontrar maneiras de responder às suas necessidades emocionais. Perguntas como "O que essa tristeza está tentando me ensinar?" ou "Qual é a necessidade subjacente que ela está apontando?" podem ajudar a guiar esse processo de autodescoberta.

Journaling é uma ferramenta poderosa para explorar e curar a tristeza. Escrever sobre suas emoções, memórias e pensamentos permite que você organize seus sentimentos e os veja de uma perspectiva mais clara. Não se preocupe em estruturar suas palavras; o simples ato de colocá-las no papel já é terapêutico. Você pode começar com perguntas como: "O que está causando minha tristeza neste momento?" ou "Que mensagem essa tristeza está me enviando?". Essas reflexões podem revelar padrões ou conexões que antes passavam despercebidos.

Além disso, práticas de meditação e mindfulness são especialmente úteis para curar a tristeza. A meditação ajuda a criar um espaço de calma onde você pode observar sua tristeza sem se identificar completamente com ela. Imagine sua tristeza como uma nuvem no céu; ela está presente, mas não define todo o céu. Práticas de atenção plena, como focar na respiração ou nas sensações corporais, permitem que você esteja presente com sua emoção sem ser dominado por ela.

A cura da tristeza também envolve expressá-la de forma saudável. Muitas vezes, mantemos nossas emoções engarrafadas, acreditando que não temos o direito de expressá-las ou que isso será interpretado como fraqueza. No entanto, expressar sua tristeza é essencial para liberá-la. Isso pode ser feito através da arte, música, dança ou mesmo conversas com alguém de confiança. Encontrar uma saída criativa para sua tristeza ajuda a transformá-la em algo significativo.

Compartilhar sua tristeza com outras pessoas é outro passo importante no processo de cura. Falar com um amigo, terapeuta ou membro da família sobre o que você está sentindo pode trazer alívio e validação. Muitas vezes, o simples ato de ser ouvido e compreendido por alguém cria uma sensação de conexão e apoio, que é essencial para curar a tristeza. Além disso, ouvir histórias de outras pessoas pode ajudá-lo a perceber que não está sozinho em sua dor, fortalecendo seu senso de pertencimento.

Reconectar-se com o corpo também é uma parte fundamental do processo de cura. A tristeza frequentemente se manifesta fisicamente, como tensão, cansaço ou até dor. Práticas como ioga, alongamentos ou massagens podem ajudar a liberar essas tensões e restaurar a energia do corpo. Além disso, movimentos rítmicos, como caminhar ou dançar, podem ser particularmente eficazes para processar emoções e trazer uma sensação de renovação.

Outro componente vital na cura da tristeza é o autocuidado. Isso inclui tanto práticas básicas, como dormir bem, comer de forma equilibrada e manter uma rotina saudável, quanto atividades que tragam alegria e satisfação. Permita-se desfrutar de momentos de lazer, mesmo que inicialmente pareça difícil. A tristeza muitas vezes rouba nossa motivação para buscar prazer, mas pequenos atos de autocuidado podem ajudar a quebrar esse ciclo e a restaurar seu senso de bem-estar.

Rituais simbólicos também podem ser poderosos aliados na cura da tristeza. Isso pode incluir acender uma vela em memória de algo ou alguém perdido, plantar uma árvore para simbolizar um novo começo ou criar um espaço em sua casa dedicado à reflexão e à cura. Esses atos simbólicos ajudam a dar forma à tristeza, permitindo que ela seja reconhecida e transformada.

A terapia é uma ferramenta indispensável para muitas pessoas no processo de cura da tristeza. Um terapeuta pode ajudá-lo a explorar suas emoções em profundidade, identificar padrões e desenvolver estratégias para lidar com elas de forma saudável. Terapias específicas, como a constelação familiar, podem revelar como a tristeza pode estar conectada a dinâmicas transgeracionais, oferecendo uma nova perspectiva e caminho para a cura.

O perdão também desempenha um papel crucial na cura da tristeza. Muitas vezes, estamos presos a emoções dolorosas porque não conseguimos perdoar a nós mesmos ou aos outros. O perdão não significa justificar o que aconteceu, mas sim liberar o peso emocional associado a isso. Práticas de perdão, como escrever uma carta (mesmo que não seja enviada) ou meditar sobre a intenção de perdoar, podem ser transformadoras.

Além disso, cultivar a gratidão é uma maneira eficaz de equilibrar a tristeza. Isso não significa ignorar sua dor, mas sim reconhecer que, mesmo em momentos difíceis, há aspectos positivos em sua vida. Praticar a gratidão diariamente, anotando três coisas pelas quais você é grato, pode ajudar a mudar seu foco e a trazer mais leveza para sua experiência emocional.

É essencial lembrar que a cura da tristeza é um processo contínuo. Não é algo que acontece da noite para o dia, mas uma jornada que exige paciência e compromisso. Haverá dias em que a tristeza parecerá mais intensa, e isso é normal. O mais importante é continuar cuidando de si mesmo e buscar apoio quando necessário.

Curar a tristeza não significa eliminá-la completamente, mas sim aprender a conviver com ela de forma saudável e integrada. É um processo que nos conecta à nossa humanidade, à nossa vulnerabilidade e, paradoxalmente, à nossa força. Ao permitir-se sentir, explorar e transformar sua tristeza, você abre espaço para alegria, esperança e crescimento. Essa jornada não apenas alivia o peso da tristeza, mas também fortalece sua capacidade de viver com autenticidade e plenitude.

Capítulo 23
O Peso da Culpa

A culpa é uma emoção que frequentemente carrega um peso desproporcional em nossas vidas. Embora sua função primordial seja alertar-nos quando transgredimos nossos valores ou magoamos alguém, ela pode se transformar em um fardo emocional que afeta nossa autoestima, nossos relacionamentos e nosso bem-estar geral. O peso da culpa é frequentemente amplificado por fatores como crenças rígidas, expectativas sociais e lealdades invisíveis que nos conectam ao passado. Para compreender e lidar com a culpa, é necessário examinar suas origens, como ela opera em nossa mente e como podemos transformá-la em uma força construtiva.

A culpa surge, inicialmente, como uma resposta moral. Ela nos informa quando nossas ações ou omissões ferem alguém ou vão contra nossos próprios padrões éticos. Nesse sentido, a culpa pode ser vista como uma aliada, pois nos ajuda a refletir sobre nosso comportamento e a buscar reparação. No entanto, quando a culpa é mal compreendida ou mantida por longos períodos, ela deixa de ser uma emoção útil e se torna um peso debilitante. Essa transformação ocorre quando permitimos que a culpa se enraíze em nossos pensamentos, passando de uma resposta momentânea a um estado constante de autocrítica.

Uma das razões pelas quais a culpa se torna tão pesada é sua conexão com nossas crenças internas. Muitas pessoas crescem em ambientes onde a perfeição é exaltada e o erro, severamente punido. Essas mensagens, mesmo que implícitas, criam uma mentalidade onde cada falha é vista como uma prova de inadequação pessoal. Por exemplo, uma criança que é constantemente corrigida por seus pais pode internalizar a crença de que nunca é boa o suficiente, carregando essa sensação para a vida adulta. Nesse contexto, a culpa não é apenas uma reação a um comportamento específico, mas uma sensação constante de que "há algo errado comigo".

Outra fonte comum do peso da culpa está nas expectativas sociais. Vivemos em uma sociedade onde somos constantemente avaliados com base em nosso desempenho, aparência e contribuições. Essas pressões criam um ambiente onde a culpa se torna quase inevitável, pois é impossível atender a todas as expectativas ao mesmo tempo. Por exemplo, uma pessoa que tenta equilibrar carreira, família e vida pessoal pode sentir culpa por não dar atenção suficiente a cada área. Essa culpa é frequentemente amplificada pela comparação com os outros, especialmente nas redes sociais, onde a vida idealizada de outras pessoas parece evidenciar nossas próprias falhas.

A culpa também está profundamente ligada às lealdades familiares. Muitas vezes, sentimos culpa ao nos afastarmos de padrões ou expectativas estabelecidas por nossa família. Isso pode se manifestar de maneiras sutis, como a sensação de que estamos traindo nossos pais ao seguir uma carreira diferente da que eles desejavam, ou de formas mais explícitas, como o medo de ser visto como ingrato por priorizar nossas próprias necessidades. Essas lealdades invisíveis criam um dilema emocional, onde somos puxados entre o desejo de crescer e a necessidade de permanecer leais às nossas raízes.

Além disso, a culpa pode ser transmitida de geração em geração. Esse fenômeno, conhecido como culpa herdada, ocorre quando carregamos o peso emocional de decisões ou eventos que aconteceram com nossos antepassados. Por exemplo, em uma família onde houve conflitos ou perdas significativas, os descendentes podem sentir uma culpa inexplicável, como se precisassem compensar os erros ou sofrimentos do passado. Essa dinâmica muitas vezes opera no inconsciente, mas seus efeitos são reais, moldando nossas escolhas e nossa percepção de valor.

Reconhecer o peso da culpa é o primeiro passo para lidar com ela. Isso exige que paremos e observemos nossos pensamentos e emoções com curiosidade e compaixão. Perguntar a si mesmo: "Essa culpa é minha ou foi imposta por outras pessoas ou circunstâncias?" pode ajudar a separar a culpa genuína, que exige reparação, da culpa desnecessária, que apenas nos aprisiona. Essa distinção é essencial, pois nem toda culpa é válida ou útil.

Outra abordagem para aliviar o peso da culpa é praticar a autocompaixão. Isso envolve tratar a si mesmo com a mesma gentileza e compreensão que ofereceria a um amigo. Em vez de se criticar por cada erro, reconheça que falhar é uma parte natural da experiência humana. Por exemplo, se você sente culpa por não atender às expectativas de alguém, lembre-se de que não é sua responsabilidade satisfazer todas as demandas externas. Praticar afirmações como "Eu fiz o melhor que podia nas circunstâncias" pode ajudar a reestruturar seus pensamentos.

A comunicação também desempenha um papel importante no processo de lidar com a culpa. Muitas vezes, carregamos culpa por mal-entendidos ou situações que não foram esclarecidas. Ter uma conversa aberta e honesta com a pessoa envolvida pode trazer alívio e encerramento. Por exemplo, se você sente culpa por um comentário que acredita ter magoado um amigo, abordá-lo com sinceridade e pedir desculpas pode dissipar a tensão emocional. Essa ação não apenas reduz a culpa, mas também fortalece o relacionamento.

Além disso, práticas simbólicas podem ajudar a liberar a culpa acumulada. Um exemplo é escrever uma carta para si mesmo ou para a pessoa ou situação associada à sua culpa. Expresse tudo o que sente, incluindo suas intenções, arrependimentos e o desejo de seguir em frente. Queimar ou destruir a carta em um ato simbólico de liberação pode ser um gesto poderoso para deixar a culpa para trás.

Buscar apoio profissional também pode ser essencial para lidar com a culpa, especialmente quando ela está profundamente enraizada em traumas ou padrões familiares. Um terapeuta pode ajudá-lo a explorar as origens de sua culpa, identificar crenças limitantes e desenvolver estratégias para liberá-la. Terapias específicas, como a constelação familiar, podem revelar dinâmicas ocultas que perpetuam a culpa e oferecer caminhos para restaurar o equilíbrio emocional.

A prática do perdão é outra ferramenta poderosa para aliviar o peso da culpa. O perdão começa com a disposição de aceitar o que aconteceu e seguir em frente, mesmo que você não possa mudar o passado. Isso inclui perdoar a si mesmo por erros ou decisões que agora percebe como inadequadas. Reconheça que você agiu com base no que sabia e nos recursos emocionais disponíveis na época. Esse ato de autoaceitação é transformador, pois quebra o ciclo de autocrítica e permite que você reconstrua sua autoestima.

Além disso, é importante reavaliar as crenças que sustentam sua culpa. Muitas vezes, essas crenças são rígidas ou desatualizadas, refletindo expectativas que não se aplicam mais à sua vida. Pergunte-se: "Essa expectativa é realista? Ela reflete meus valores atuais ou foi imposta por outras pessoas ou pela sociedade?" Essa reflexão pode ajudá-lo a liberar a culpa que não está alinhada com quem você é hoje.

Praticar mindfulness também é útil nesse processo. Estar presente no momento ajuda a reduzir a ruminação sobre erros passados, que é um dos principais combustíveis para a culpa. Sempre que a culpa surgir, concentre-se em sua respiração ou em sensações físicas, ancorando-se no presente. Essa prática simples pode criar uma pausa entre você e sua emoção, permitindo que você a observe com mais clareza e menos julgamento.

Lembre-se de que a culpa, quando bem compreendida, pode ser uma ferramenta para o crescimento pessoal. Ela nos convida a refletir sobre nossas ações e a fazer mudanças que promovam alinhamento com nossos valores. No entanto, para que isso aconteça, é necessário aprender a liberar a culpa que não é útil ou que está enraizada em expectativas irreais.

O peso da culpa pode parecer esmagador, mas enfrentá-lo com coragem e compaixão é um ato de libertação. Ao reconhecer a origem da sua culpa, aprender a perdoar a si mesmo e reavaliar suas crenças, você pode transformar essa emoção em uma fonte de aprendizado e crescimento. Essa jornada não apenas alivia sua carga emocional, mas também abre espaço para uma vida mais leve, autêntica e conectada aos seus valores mais profundos.

Capítulo 24
Culpas Herdadas

A culpa herdada é uma camada complexa e profunda das emoções humanas. Ela não surge de ações ou decisões que tomamos, mas é transmitida através de gerações, enraizada em traumas, expectativas e histórias familiares não resolvidas. Essa forma de culpa pode ser sutil e silenciosa, mas seu impacto é real, moldando escolhas, comportamentos e até mesmo a maneira como percebemos nosso valor. Entender a dinâmica das culpas herdadas é essencial para nos libertarmos desse peso emocional que, muitas vezes, nem sabemos que estamos carregando.

A origem da culpa herdada está intimamente ligada à história de nossas famílias e ao contexto social e cultural em que viveram. Traumas, como guerras, perseguições, desastres econômicos e conflitos familiares, criam uma carga emocional que pode ser transmitida aos descendentes. Essas experiências deixam marcas que vão além da memória; elas afetam o sistema emocional e, em alguns casos, até o funcionamento biológico das gerações futuras. Estudos no campo da epigenética mostram que o impacto do trauma pode ser transmitido através de alterações na expressão genética, influenciando como respondemos ao estresse e às emoções.

A transmissão da culpa herdada também ocorre através de narrativas e dinâmicas familiares. Quando um membro da família toma uma decisão controversa, comete um erro grave ou experimenta um sofrimento intenso, o sistema familiar frequentemente busca compensar ou equilibrar essa experiência. Esse equilíbrio pode levar os descendentes a assumirem, inconscientemente, responsabilidades emocionais que não lhes pertencem. Por exemplo, em uma família onde houve uma perda significativa, como a morte de um filho, outro membro pode crescer sentindo que precisa "compensar" a ausência ou o sofrimento, carregando uma culpa implícita por não preencher completamente o vazio deixado.

Um exemplo claro de culpa herdada pode ser observado em famílias que enfrentaram perseguições ou migrações forçadas. Imagine uma avó que perdeu tudo ao fugir de um conflito. Embora a geração seguinte tenha encontrado estabilidade, a sensação de "dever" por ter sobrevivido pode ser transmitida como um peso emocional aos descendentes. Esses indivíduos podem sentir uma pressão para ter sucesso ou para evitar riscos, como se precisassem justificar os sacrifícios feitos pelos antepassados. Essa culpa, muitas vezes, não é expressa em palavras, mas está presente nos valores e expectativas da família.

Outro exemplo é a exclusão ou o esquecimento de membros da família que, por diferentes razões, foram marginalizados ou evitados. Quando uma pessoa é "apagada" da história familiar — seja por vergonha, erro ou tragédia —, suas emoções e experiências não desaparecem. Elas permanecem como uma energia não resolvida, que pode se manifestar como culpa herdada nos descendentes. Um neto pode sentir uma tristeza inexplicável ou um senso de responsabilidade sem compreender que está conectado à história de um parente que nunca conheceu.

A culpa herdada também pode estar relacionada a escolhas feitas pelos ancestrais que afetaram negativamente outras pessoas. Por exemplo, uma família que acumulou riqueza de maneira questionável pode transmitir um senso de culpa aos descendentes, mesmo que eles não estejam diretamente ligados às ações do passado. Essa culpa pode se manifestar como um desconforto em relação à prosperidade ou como um padrão de autossabotagem financeira.

Para reconhecer a culpa herdada, é necessário examinar de forma profunda a história familiar. Esse processo envolve curiosidade, empatia e a disposição de explorar tanto os eventos quanto os silêncios que moldaram sua família. Perguntas como

"Houve algo que minha família evita discutir?" ou "Quais histórias ou temas recorrentes existem em nossa narrativa familiar?" podem ajudar a identificar possíveis fontes de culpa herdada.

A constelação familiar é uma ferramenta poderosa nesse processo. Durante uma constelação, as dinâmicas familiares são representadas de maneira simbólica, revelando conexões ocultas e responsabilidades emocionais não resolvidas. Muitas vezes, o simples ato de reconhecer a dor ou o sacrifício de um ancestral pode aliviar o peso da culpa herdada. Por exemplo, incluir simbolicamente um membro da família que foi excluído ou reconhecer as dificuldades enfrentadas por uma geração anterior pode restaurar o equilíbrio emocional no sistema familiar.

Outro passo importante para lidar com a culpa herdada é separar o que realmente pertence a você do que é uma herança emocional. Isso pode ser feito através de práticas introspectivas, como journaling ou meditação. Pergunte-se: "Essa culpa reflete algo que eu fiz ou algo que foi transmitido a mim?" ou "Estou assumindo a responsabilidade por algo que não é meu?" Essas reflexões ajudam a criar clareza e a estabelecer limites emocionais mais saudáveis.

Práticas simbólicas também podem ser úteis para liberar a culpa herdada. Por exemplo, escrever uma carta para seus ancestrais, expressando gratidão por seus sacrifícios, mas declarando sua intenção de viver sua própria vida, pode ser um gesto poderoso de liberação. Esse tipo de ritual ajuda a criar um encerramento emocional, permitindo que você honre sua história sem ser controlado por ela.

A terapia é outra ferramenta essencial para lidar com a culpa herdada. Um terapeuta pode ajudá-lo a explorar as dinâmicas familiares e a desenvolver estratégias para liberar o peso emocional associado a essas histórias. Terapias baseadas no corpo, como a terapia somática, podem ser particularmente úteis, pois a culpa herdada frequentemente se manifesta fisicamente, como tensão muscular ou sensações de peso no peito.

O perdão também desempenha um papel crucial nesse processo. Isso inclui perdoar a si mesmo por carregar uma culpa que não é sua e perdoar seus ancestrais por decisões ou ações que possam ter contribuído para esse fardo emocional. O perdão não significa justificar ou esquecer, mas sim liberar a energia emocional associada à culpa, criando espaço para novas possibilidades.

Além disso, reavaliar crenças herdadas é essencial para se libertar da culpa transgeracional. Muitas vezes, essas crenças refletem valores ou expectativas que não correspondem à sua realidade atual. Por exemplo, a crença de que "preciso trabalhar incansavelmente para honrar o sacrifício da minha família" pode ser substituída por uma perspectiva mais equilibrada, como "Posso honrar minha família vivendo de forma plena e saudável".

Praticar a gratidão é outra maneira de transformar a culpa herdada em uma conexão mais positiva com o passado. Reconhecer os sacrifícios e as conquistas de seus ancestrais, sem se sentir obrigado a compensá-los, cria um senso de continuidade e pertencimento. Por exemplo, você pode refletir sobre como suas oportunidades atuais foram influenciadas pelas escolhas de gerações anteriores, mas também afirmar que sua jornada é única.

É importante lembrar que a culpa herdada não precisa definir você. Embora ela faça parte de sua história, você tem o poder de escolher como se relacionar com ela. Liberar a culpa herdada é um ato de amor por si mesmo e por seus ancestrais, pois permite que você viva com mais autenticidade e liberdade, enquanto honra o legado emocional de sua família.

A culpa herdada é uma conexão invisível, mas poderosa, com nossa história familiar. Reconhecê-la, compreendê-la e transformá-la nos permite romper com padrões emocionais que nos limitam, criando um novo caminho para nós mesmos e para as gerações futuras. Essa transformação é um ato de coragem, que nos liberta do peso do passado e nos permite viver plenamente no presente.

Capítulo 25
Livrando-se da Culpa

A culpa, quando se prolonga, torna-se um fardo emocional que limita nosso crescimento pessoal e distorce nossa percepção de nós mesmos e do mundo. Livrar-se desse peso é um processo desafiador, mas profundamente libertador. Esse caminho exige a disposição para encarar a culpa com honestidade, identificar suas raízes, reconhecer o que é válido e o que não é, e adotar práticas que ajudem a liberar o que não serve mais. Livrar-se da culpa é mais do que um alívio emocional; é uma reconexão com sua essência, sua liberdade e sua capacidade de viver de forma plena e autêntica.

O primeiro passo nesse processo é **compreender a origem da culpa**. Muitas vezes, a culpa está enraizada em experiências de vida passadas, expectativas sociais ou culturais, e até mesmo em dinâmicas familiares. Algumas culpas são legítimas, como quando magoamos alguém ou violamos nossos próprios valores. Outras, no entanto, são ilusórias ou impostas, criadas por padrões externos que não refletem nossas verdadeiras intenções ou necessidades.

Identificar a origem da culpa requer introspecção. Pergunte-se: "De onde vem essa sensação de culpa? Isso está relacionado a algo que fiz ou que deixei de fazer? Ou essa culpa foi colocada em mim por outra pessoa ou por uma expectativa social?" Responder a essas perguntas ajuda a diferenciar entre a culpa que exige reparação e a que precisa ser questionada e liberada.

Reconhecer a culpa sem julgamento é o próximo passo. Muitas vezes, resistimos à culpa ou a escondemos, temendo que ela revele algo inerentemente errado em nós. No entanto, a culpa, como qualquer emoção, é um mensageiro, indicando que algo precisa de atenção. Reconhecer sua presença com curiosidade, em vez de condenação, abre espaço para explorá-la. Isso pode ser feito através de práticas como journaling, onde você pode registrar seus pensamentos sobre a culpa, ou meditação, que permite observar a emoção sem se envolver completamente com ela.

Após reconhecer a culpa, é essencial avaliar sua validade. Nem toda culpa é útil ou legítima. Algumas culpas são baseadas em expectativas irrealistas ou em crenças antigas que não mais se aplicam. Por exemplo, uma pessoa pode sentir culpa por priorizar seu próprio bem-estar em vez das demandas constantes de sua família. Essa culpa pode ter origem em uma crença de que cuidar de si mesmo é egoísmo, mas, ao examiná-la, torna-se claro que essa crença é desatualizada e prejudicial.

Para lidar com a culpa legítima — aquela que surge de ações que feriram outra pessoa ou violaram valores pessoais —, o caminho mais saudável é buscar **reparação**. Isso envolve assumir a responsabilidade pelo que foi feito, pedir desculpas sinceras e fazer o possível para corrigir o erro. A reparação não é apenas um ato de redenção, mas também uma forma de aliviar o peso da culpa. Quando nos responsabilizamos de maneira saudável, recuperamos nosso senso de integridade e fortalecemos nossos relacionamentos.

Uma prática simbólica que pode ajudar nesse processo é **escrever uma carta de perdão**. Essa carta pode ser dirigida a outra pessoa ou a si mesmo. Escreva sobre o que aconteceu, reconheça o impacto de suas ações e expresse sua intenção de seguir em frente. Você pode decidir enviar essa carta ou simplesmente usá-la como um ritual de liberação, queimando-a ou guardando-a em um lugar especial como um marco de sua jornada.

Outro aspecto importante de livrar-se da culpa é o **autoperdão**. Muitas pessoas carregam culpa por anos, não por falta de desculpas ou reparações, mas porque não conseguem perdoar a si mesmas. Autoperdão é um ato de compaixão, onde você reconhece sua humanidade e aceita que erros fazem parte da vida. Isso não significa justificar ou minimizar suas ações, mas sim liberar o peso emocional que você carrega. Praticar afirmações como "Eu me perdoo porque estou aprendendo e crescendo" pode ajudar a cultivar essa aceitação.

Reavaliar crenças e expectativas também é essencial para se livrar da culpa. Muitas vezes, sentimos culpa por não atender a padrões irreais ou a demandas externas que não refletem nossos próprios valores. Isso é comum em pessoas que cresceram em ambientes onde o perfeccionismo ou a aprovação dos outros eram altamente valorizados. Questionar essas crenças é um ato de libertação. Pergunte-se: "Essa expectativa é realista? Ela reflete quem eu sou ou o que os outros querem de mim?" Substituir crenças limitantes por outras mais equilibradas ajuda a criar uma base emocional mais estável.

Além disso, o **apoio profissional** pode ser fundamental para lidar com culpas profundas ou persistentes. Um terapeuta pode ajudar a explorar a origem da culpa, identificar padrões emocionais disfuncionais e desenvolver estratégias para liberá-la. A constelação familiar, por exemplo, pode revelar como a culpa está ligada a dinâmicas transgeracionais, permitindo que você reconheça e libere responsabilidades emocionais que não são suas.

Outro componente importante é a **prática do mindfulness**. A culpa frequentemente nos prende ao passado, impedindo-nos de viver plenamente no presente. A atenção plena nos ajuda a estar conscientes de nossas emoções sem sermos dominados por elas. Sempre que a culpa surgir, reserve um momento para respirar profundamente e observar o que está acontecendo em sua mente e corpo. Pergunte-se: "Essa culpa está me ajudando ou me aprisionando?" Essa prática cria um espaço entre você e a emoção, permitindo que você escolha como responder.

Transformar a culpa em aprendizado é outra estratégia poderosa. Em vez de ver a culpa como um peso, encare-a como uma oportunidade de crescimento. O que essa experiência lhe ensinou sobre seus valores, suas escolhas ou seus relacionamentos? Como você pode usar esse aprendizado para evitar erros semelhantes no futuro? Essa abordagem transforma a culpa em uma ferramenta para o desenvolvimento pessoal, em vez de um fardo paralisante.

Praticar a gratidão também pode ajudar a contrabalançar os efeitos da culpa. Quando estamos presos em sentimentos de culpa, tendemos a nos concentrar no que está errado ou no que não conseguimos fazer. Reservar um tempo para refletir sobre o que está funcionando em sua vida e sobre as coisas pelas quais você é grato pode ajudar a equilibrar essa perspectiva. Isso não significa ignorar a culpa, mas sim contextualizá-la dentro de uma visão mais ampla de sua jornada.

Outra forma de liberar a culpa é através de **rituais de liberação emocional**. Isso pode incluir meditações guiadas, visualizações ou até mesmo gestos simbólicos, como escrever suas culpas em um pedaço de papel e queimá-lo como um ato de deixar ir. Esses rituais ajudam a marcar o encerramento de um ciclo emocional, criando um senso de renovação.

Cultivar conexões significativas é essencial para se livrar da culpa. O apoio de amigos, familiares ou grupos de apoio pode fornecer um espaço seguro para compartilhar suas emoções e receber validação. Muitas vezes, ao compartilhar nossos sentimentos, percebemos que não estamos sozinhos e que outras pessoas enfrentam desafios semelhantes. Essa conexão nos lembra de nossa humanidade compartilhada, aliviando a carga da culpa.

Livrar-se da culpa é uma jornada que requer paciência, compaixão e compromisso. Não se trata de ignorar ou minimizar seus sentimentos, mas de enfrentá-los com coragem e transformá-los em oportunidades de crescimento. Ao liberar a culpa, você não apenas se reconecta com sua essência, mas também cria espaço para viver com mais leveza, autenticidade e liberdade. Essa transformação é um presente que você dá a si mesmo, permitindo que sua vida seja guiada por seus valores e esperanças, em vez de ser limitada por seus erros ou pelos pesos do passado.

Capítulo 26
Mindfulness para Ansiedade

Mindfulness, ou atenção plena, é uma prática poderosa que ajuda a aliviar a ansiedade ao ancorar a mente no momento presente. Em um mundo acelerado e cheio de distrações, a ansiedade frequentemente surge quando nos perdemos em pensamentos sobre o passado ou o futuro, deixando-nos desconectados do aqui e agora. A prática do mindfulness nos convida a trazer nossa atenção para o presente de forma intencional e sem julgamento, criando um espaço de calma, clareza e aceitação. Aprender a integrar essa prática na vida cotidiana pode transformar a maneira como lidamos com a ansiedade, promovendo um senso de equilíbrio emocional e bem-estar.

A ansiedade é, muitas vezes, alimentada por uma cascata de pensamentos automáticos e negativos. Esses pensamentos criam cenários imaginários de ameaça, amplificando o medo e a inquietação. Mindfulness é uma ferramenta eficaz para interromper esse ciclo, pois nos ajuda a reconhecer esses padrões de pensamento e a redirecionar nossa atenção para o momento presente. Por exemplo, em vez de se perder em preocupações sobre o que pode dar errado, a prática do mindfulness ensina a observar esses pensamentos com curiosidade, como se fossem nuvens passando pelo céu, sem se apegar a eles.

Um dos pilares do mindfulness é a respiração consciente. A respiração é uma âncora natural que está sempre disponível para nos trazer de volta ao momento presente. Quando sentimos ansiedade, nossa respiração tende a se tornar rápida e superficial, exacerbando a sensação de desconforto. Praticar a respiração profunda e consciente não apenas acalma o sistema nervoso, mas também cria uma pausa entre você e sua reação emocional. Experimente isso agora: inspire profundamente pelo nariz por quatro segundos, segure a respiração por quatro segundos e expire lentamente pela boca por seis segundos. Repetir esse padrão algumas vezes pode trazer uma sensação imediata de alívio.

Além da respiração, a prática de escaneamento corporal é outra técnica de mindfulness que ajuda a reduzir a ansiedade. O escaneamento corporal envolve direcionar sua atenção para diferentes partes do corpo, notando quaisquer sensações físicas sem julgamento. Essa prática é particularmente útil porque a ansiedade frequentemente se manifesta no corpo como tensão muscular, dores ou desconfortos. Ao prestar atenção a essas sensações, você se reconecta ao seu corpo e aprende a relaxar áreas que podem estar tensionadas sem perceber.

Outro aspecto importante do mindfulness é a observação dos pensamentos. Quando estamos ansiosos, é comum acreditar que nossos pensamentos são verdades absolutas. Mindfulness nos ensina a observar os pensamentos como eventos mentais transitórios, em vez de nos identificarmos completamente com eles. Por exemplo, se um pensamento ansioso surgir — como "Não vou conseguir fazer isso" —, você pode simplesmente rotulá-lo como "pensamento de dúvida" e deixá-lo ir, sem lutar contra ele ou se prender a ele. Essa abordagem reduz o poder dos pensamentos negativos e cria um senso de distância emocional.

A prática de mindfulness também nos convida a cultivar a aceitação. Muitas vezes, a ansiedade é alimentada pela resistência ao que estamos sentindo. Queremos evitar ou escapar da sensação desconfortável, o que acaba intensificando a experiência. Mindfulness, por outro lado, nos ensina a aceitar nossas emoções como elas são, sem tentar mudá-las imediatamente. Isso não significa resignação, mas sim criar um espaço para que a ansiedade exista sem ser amplificada pelo julgamento ou pela resistência. Por exemplo, se você está se sentindo ansioso antes de uma apresentação importante, em vez de tentar "se livrar" da ansiedade, experimente reconhecê-la: "Estou ansioso porque isso é importante para mim." Essa aceitação pode diminuir a intensidade da emoção.

Integrar o mindfulness na rotina diária não requer grandes mudanças ou compromissos de tempo. Pequenos momentos de atenção plena ao longo do dia podem fazer uma grande diferença. Por exemplo, ao tomar seu café da manhã, reserve alguns minutos para realmente prestar atenção ao aroma, ao sabor e à textura dos alimentos. Quando estiver caminhando, concentre-se no contato dos pés com o chão e na sensação do ar em sua pele. Esses momentos de mindfulness interrompem o piloto automático e criam oportunidades para retornar ao presente, mesmo em dias ocupados.

Além disso, as meditações guiadas de mindfulness podem ser uma ótima maneira de começar. Existem muitos aplicativos e recursos online que oferecem práticas curtas e acessíveis, projetadas especificamente para reduzir a ansiedade. Dedicar 10 a 15 minutos por dia a uma meditação guiada pode ajudar a estabelecer uma base sólida para a prática de mindfulness, tornando mais fácil aplicá-la em situações cotidianas.

Outra prática poderosa de mindfulness é a gratidão. Reservar um momento para refletir sobre três coisas pelas quais você é grato no momento presente pode mudar sua perspectiva e aliviar a ansiedade. A gratidão nos ajuda a focar no que está funcionando bem em nossas vidas, em vez de ficarmos presos ao que está errado ou ao que tememos que aconteça. Isso não significa ignorar os desafios, mas sim equilibrar nossa visão, criando uma base emocional mais positiva.

A conexão com a natureza também pode ser uma forma eficaz de praticar mindfulness e reduzir a ansiedade. Passar tempo ao ar livre, observando as árvores, os pássaros ou o movimento das nuvens, nos reconecta ao momento presente e nos lembra da imensidão do mundo ao nosso redor. Se possível, tente incorporar caminhadas conscientes em sua rotina, onde você presta atenção aos sons, às cores e às sensações ao seu redor.

Mindfulness também nos convida a cultivar uma atitude de curiosidade e gentileza em relação a nós mesmos. Quando enfrentamos ansiedade, é fácil cair em padrões de autocrítica, como "Por que estou tão nervoso?" ou "Eu deveria ser mais forte." Mindfulness, no entanto, nos ensina a abordar nossas emoções com empatia, reconhecendo que todos enfrentam desafios e que a ansiedade é uma parte normal da experiência humana. Essa abordagem gentil ajuda a reduzir o estigma interno e a criar um espaço para a cura emocional.

Para aqueles que desejam aprofundar sua prática de mindfulness, considerar um programa estruturado, como o MBSR (Mindfulness-Based Stress Reduction, ou Redução de Estresse Baseada em Mindfulness), pode ser uma excelente opção. Esses programas são projetados para ensinar as habilidades básicas de mindfulness e como aplicá-las em situações de estresse ou ansiedade. Participar de um grupo de mindfulness também pode oferecer apoio adicional e uma sensação de comunidade.

É importante lembrar que o mindfulness é uma prática, e não uma solução imediata. Leva tempo e consistência para colher seus benefícios. No entanto, mesmo pequenos passos na direção de uma maior atenção plena podem ter um impacto significativo. Cada momento em que você escolhe retornar ao presente é uma vitória contra a ansiedade, uma oportunidade de fortalecer sua resiliência emocional e de cultivar uma vida mais equilibrada.

Mindfulness é mais do que uma técnica; é uma maneira de estar no mundo. Ao aprender a trazer sua atenção para o momento presente com aceitação e curiosidade, você não apenas reduz a ansiedade, mas também descobre uma nova forma de viver — uma que está enraizada na calma, na clareza e na conexão com o que realmente importa. Essa transformação é um presente que você pode oferecer a si mesmo todos os dias, um momento de cada vez.

Capítulo 27
Técnicas de Respiração

A respiração é uma das ferramentas mais poderosas e acessíveis para lidar com a ansiedade. Muitas vezes negligenciada, a respiração está intrinsecamente ligada às nossas emoções e ao funcionamento do sistema nervoso. Quando aprendemos a utilizá-la conscientemente, podemos transformar estados de tensão e inquietação em sensações de calma e equilíbrio. As técnicas de respiração, quando praticadas de forma consistente, têm o potencial de regular nossas respostas emocionais, melhorar o foco e promover uma sensação de bem-estar geral.

A relação entre respiração e ansiedade é fisiológica. Quando enfrentamos situações estressantes ou ameaçadoras, nosso corpo ativa o sistema nervoso simpático, responsável pela resposta de luta ou fuga. Essa ativação faz com que nossa respiração se torne mais rápida e superficial, o que aumenta os níveis de dióxido de carbono no sangue e contribui para sensações de tontura, aperto no peito e até confusão mental — sintomas frequentemente associados à ansiedade. Por outro lado, a respiração lenta e profunda ativa o sistema nervoso parassimpático, que promove relaxamento e recuperação.

Antes de explorar técnicas específicas, é importante entender a base de uma respiração saudável. A respiração diafragmática, também conhecida como respiração abdominal, é fundamental para regular nosso estado emocional. Quando usamos o diafragma para respirar, nossos pulmões se expandem completamente, permitindo uma troca eficiente de oxigênio e dióxido de carbono. Muitas pessoas, no entanto, desenvolvem o hábito de respirar de forma superficial, utilizando apenas a parte superior dos pulmões, o que perpetua estados de tensão. Aprender a respirar profundamente é o primeiro passo para usar a respiração como uma ferramenta contra a ansiedade.

Respiração 4-7-8

A técnica de respiração 4-7-8, desenvolvida pelo Dr. Andrew Weil, é amplamente utilizada para reduzir a ansiedade e promover relaxamento. Ela envolve quatro etapas simples: inspirar pelo nariz contando até quatro, segurar a respiração contando até sete e expirar lentamente pela boca contando até oito. Esse padrão ajuda a desacelerar a frequência cardíaca e a criar uma sensação de calma imediata.

Como praticar:
1. Sente-se ou deite-se em uma posição confortável.
2. Feche os olhos e inspire pelo nariz, contando até quatro.
3. Segure a respiração por sete segundos.
4. Expire lentamente pela boca por oito segundos, emitindo um som suave se preferir.
5. Repita o ciclo por quatro a seis vezes.

Essa técnica é especialmente útil em momentos de ansiedade intensa ou antes de dormir, ajudando a acalmar a mente e preparar o corpo para o descanso.

Respiração Alternada (Nadi Shodhana)

Originária da prática de ioga, a respiração alternada é uma técnica que equilibra os hemisférios do cérebro e acalma o sistema nervoso. Essa prática envolve a respiração alternada entre as narinas, promovendo uma sensação de equilíbrio e clareza mental.

Como praticar:
1. Sente-se em uma posição confortável com a coluna ereta.
2. Use o polegar direito para fechar a narina direita e inspire profundamente pela narina esquerda.
3. Feche a narina esquerda com o anelar e solte o polegar para expirar pela narina direita.
4. Inspire pela narina direita, feche-a novamente e expire pela esquerda.

5. Repita por cinco a dez ciclos.

Essa técnica é ideal para reduzir a ansiedade antes de eventos desafiadores, como reuniões ou apresentações, pois promove foco e estabilidade emocional.

Respiração Coerente

A respiração coerente, também conhecida como respiração de 5-5, é baseada na ideia de manter um ritmo constante entre inspiração e expiração. Esse padrão regula a variabilidade da frequência cardíaca, um marcador de equilíbrio do sistema nervoso.

Como praticar:
1. Inspire profundamente pelo nariz por cinco segundos.
2. Expire suavemente pelo nariz por cinco segundos.
3. Continue o ciclo por cinco minutos.

Essa técnica pode ser usada como prática diária ou em momentos de estresse para restaurar rapidamente o equilíbrio emocional.

Respiração em Caixa (Box Breathing)

Utilizada frequentemente por militares e atletas de alto desempenho, a respiração em caixa é uma técnica simples, mas eficaz, para reduzir o estresse e melhorar a concentração. Ela envolve manter a inspiração, retenção e expiração no mesmo ritmo.

Como praticar:
1. Inspire profundamente pelo nariz contando até quatro.
2. Segure a respiração por quatro segundos.
3. Expire suavemente pela boca por quatro segundos.
4. Segure novamente a respiração por quatro segundos.
5. Repita o ciclo por três a cinco minutos.

Essa técnica é especialmente útil em situações que exigem foco imediato, como uma entrevista de emprego ou uma prova importante.

Respiração Alongada

A respiração alongada é uma técnica simples que enfatiza a expiração mais longa do que a inspiração, ajudando a ativar o sistema nervoso parassimpático e promover relaxamento.

Como praticar:
1. Inspire pelo nariz contando até quatro.
2. Expire lentamente pela boca contando até seis ou oito.
3. Repita por cinco minutos.

Essa prática é ideal para acalmar o corpo e a mente em momentos de ansiedade leve ou como parte de sua rotina de relaxamento.

Respiração Ujjayi (Respiração Oceânica)

Muito utilizada na prática de ioga, a respiração Ujjayi envolve a criação de um som suave durante a expiração, semelhante ao som das ondas do mar. Essa técnica acalma a mente e melhora a concentração.

Como praticar:
1. Inspire profundamente pelo nariz.
2. Expire lentamente pelo nariz, contraindo levemente a parte de trás da garganta para produzir um som suave.
3. Continue por cinco a dez minutos.

Essa técnica é particularmente útil durante atividades físicas ou meditações, pois ajuda a manter um ritmo constante e focado.

Integrando a Respiração no Dia a Dia

Embora seja útil praticar essas técnicas em momentos específicos, a respiração consciente também pode ser integrada em sua rotina diária de maneiras simples. Por exemplo, ao começar o dia, reserve alguns minutos para respirar profundamente e estabelecer uma intenção para as próximas horas. Durante pausas no trabalho, pratique respiração coerente para aliviar tensões acumuladas. Antes de dormir, experimente a respiração 4-7-8 para acalmar a mente e preparar-se para o descanso.

A prática regular dessas técnicas ajuda a criar um estado de resiliência emocional. Quando praticamos a respiração consciente regularmente, nosso sistema nervoso aprende a responder de maneira mais equilibrada ao estresse, tornando-se menos reativo a gatilhos ansiosos.

Benefícios Adicionais das Técnicas de Respiração

Além de reduzir a ansiedade, as técnicas de respiração trazem inúmeros benefícios para a saúde física e mental:
- **Melhoria da clareza mental:** Ao aumentar o fluxo de oxigênio para o cérebro, a respiração consciente melhora o foco e a tomada de decisões.
- **Redução da pressão arterial:** A respiração profunda reduz os níveis de estresse, promovendo uma melhor regulação cardiovascular.
- **Melhora do sono:** Técnicas como a respiração alongada ajudam a relaxar o corpo e a mente, facilitando um sono mais profundo e reparador.
- **Fortalecimento da imunidade:** O relaxamento induzido pela respiração consciente reduz a inflamação e apoia o sistema imunológico.

Obstáculos Comuns e Como Superá-los

É normal encontrar desafios ao iniciar práticas de respiração, como distrações ou impaciência. Se isso ocorrer, lembre-se de que a respiração consciente é uma prática que requer consistência e gentileza consigo mesmo. Comece com sessões curtas, de dois a três minutos, e aumente gradualmente o tempo conforme se sentir mais confortável. Se a mente divagar, simplesmente traga sua atenção de volta à respiração sem julgamento.

Um Convite à Consciência

As técnicas de respiração são mais do que ferramentas para momentos de ansiedade; elas são convites para uma conexão mais profunda com o momento presente. Ao integrar a respiração consciente em sua vida, você não apenas reduz a ansiedade, mas também cultiva uma presença mais plena e equilibrada. Cada respiração é uma oportunidade de renascimento emocional, um lembrete de que, mesmo em meio ao caos, há sempre um lugar de calma ao qual você pode retornar.

Capítulo 28
Meditação Guiada

A meditação guiada é uma ferramenta poderosa para lidar com a ansiedade, oferecendo um espaço seguro e estruturado para explorar emoções, aliviar tensões e encontrar equilíbrio interior. Diferente de práticas de meditação que exigem concentração silenciosa, a meditação guiada é conduzida por uma voz — geralmente de um instrutor ou por meio de gravações — que orienta os pensamentos, a respiração e as visualizações do praticante. Essa abordagem acessível torna a meditação mais acolhedora, especialmente para iniciantes ou para aqueles que enfrentam dificuldades em controlar os pensamentos durante períodos de ansiedade.

A ansiedade frequentemente nos prende em ciclos de pensamento repetitivo e preocupação. A meditação guiada atua como uma ponte para quebrar esses ciclos, conduzindo a mente para um estado de atenção plena e relaxamento. Ao seguir as instruções de uma meditação guiada, você é gentilmente levado a se desconectar das preocupações e a se concentrar no momento presente, seja por meio da respiração, da visualização ou da exploração de emoções. Essa prática não apenas reduz os sintomas imediatos da ansiedade, mas também fortalece sua capacidade de lidar com desafios futuros.

Diversos estudos científicos destacam os benefícios da meditação guiada para a saúde mental e emocional. Praticá-la regularmente tem sido associado à redução dos níveis de cortisol, o hormônio do estresse, e ao aumento da atividade no córtex pré-frontal, uma região do cérebro responsável por funções como tomada de decisão e regulação emocional. Além disso, a meditação guiada ativa o sistema nervoso parassimpático, responsável pelo relaxamento e pela recuperação, promovendo uma sensação de calma e bem-estar.

Tipos de Meditação Guiada:

Existem diversos tipos de meditação guiada, cada um focado em diferentes aspectos da experiência humana. Algumas abordagens são mais adequadas para aliviar a ansiedade, enquanto outras podem ser usadas para melhorar o foco, aumentar a compaixão ou facilitar o sono. Vamos explorar algumas das práticas mais eficazes para lidar com a ansiedade:

Meditação de Foco na Respiração:

Essa prática é simples e eficaz para aliviar a ansiedade. Durante a meditação guiada, o instrutor direciona sua atenção para a respiração, incentivando-o a observar o ritmo natural da inspiração e da expiração. Essa abordagem ajuda a estabilizar a mente, reduzindo os pensamentos acelerados que alimentam a ansiedade.

Como funciona:
1. Escolha um lugar tranquilo e sente-se confortavelmente.
2. Comece a ouvir a orientação da meditação.
3. O instrutor o guiará a perceber a entrada e saída do ar em suas narinas ou o movimento do abdômen enquanto você respira.
4. Sempre que sua mente divagar, traga-a de volta gentilmente para a respiração.

Essa prática cria um senso de presença e pode ser usada em qualquer momento do dia, especialmente durante períodos de maior tensão.

Meditação de Visualização:

A meditação de visualização utiliza a imaginação para criar cenários mentais relaxantes. O instrutor pode guiá-lo a visualizar um lugar tranquilo, como uma praia ou uma floresta, ou até mesmo imaginar uma luz curativa que atravessa seu corpo, dissipando tensões e preocupações.

Como funciona:
1. Deite-se ou sente-se em uma posição confortável.

2. Siga as instruções do guia, que pode descrever detalhes do ambiente visualizado, como o som das ondas ou a sensação do sol na pele.
3. Imagine-se interagindo com o cenário, como caminhar pela areia ou tocar em folhas de árvores.

Essa prática não apenas alivia a ansiedade, mas também estimula a criatividade e promove uma sensação de renovação.

Meditação de Exploração Emocional:
Para aqueles que enfrentam ansiedade crônica, pode ser útil explorar as emoções subjacentes em vez de evitá-las. Na meditação guiada de exploração emocional, o instrutor ajuda você a observar suas emoções com curiosidade, em vez de julgamento.

Como funciona:
1. O guia começa incentivando o relaxamento e a respiração profunda.
2. Em seguida, ele pede que você se concentre em suas emoções atuais, permitindo que elas surjam.
3. Você é incentivado a notar onde essas emoções estão localizadas no corpo e a observá-las sem tentar mudá-las.

Essa prática ajuda a desmistificar a ansiedade, promovendo aceitação e autoconsciência.

Meditação de Gratidão:
A meditação guiada de gratidão é uma maneira eficaz de mudar o foco da mente ansiosa, direcionando-a para aspectos positivos da vida. Durante a prática, você é convidado a refletir sobre coisas ou pessoas pelas quais é grato, cultivando emoções de contentamento e apreciação.

Como funciona:
1. O guia começa incentivando a respiração consciente e o relaxamento.
2. Você é orientado a pensar em momentos ou pessoas que trouxeram alegria ou apoio.
3. O instrutor pode sugerir que você visualize essas memórias como uma luz que preenche seu coração.

Essa meditação ajuda a reconfigurar a mente, reduzindo a negatividade associada à ansiedade.

Incorporando a Meditação Guiada na Rotina:

Embora a meditação guiada possa ser praticada em momentos de crise, seus benefícios são mais evidentes quando incorporados à rotina diária. Reservar de 10 a 20 minutos por dia para meditar pode criar uma base emocional mais estável e reduzir a propensão à ansiedade.

Dicas para começar:

1. **Escolha um horário consistente:** Pode ser logo após acordar, antes de dormir ou durante uma pausa no trabalho.
2. **Crie um espaço dedicado:** Um canto tranquilo com uma almofada ou cadeira confortável pode ajudar a estabelecer um hábito.
3. **Use aplicativos ou gravações:** Existem muitos recursos gratuitos e pagos que oferecem meditações guiadas para diferentes necessidades.

Benefícios Adicionais da Meditação Guiada:

Além de aliviar a ansiedade, a meditação guiada traz inúmeros benefícios:

- **Melhora do sono:** Muitas práticas são projetadas para ajudar a relaxar antes de dormir.
- **Aumento da clareza mental:** A meditação reduz a confusão mental, ajudando a tomar decisões com mais confiança.
- **Fortalecimento da resiliência emocional:** Praticar regularmente cria uma base para lidar com desafios de forma mais equilibrada.
- **Promoção do autoconhecimento:** A meditação guiada ajuda a explorar padrões de pensamento e emoção, promovendo crescimento pessoal.

Superando Obstáculos na Meditação:

Para iniciantes, é comum enfrentar dificuldades, como distrações ou a sensação de que a mente não consegue "parar". É importante lembrar que a meditação não exige perfeição. O objetivo não é eliminar os pensamentos, mas sim aprender a observá-los sem se apegar a eles. Sempre que sua mente divagar, simplesmente traga sua atenção de volta à orientação do guia.

Além disso, algumas pessoas podem sentir resistência emocional ao explorar questões profundas durante a meditação. Se isso ocorrer, respeite seu ritmo e procure práticas mais suaves, como meditações de visualização ou gratidão, antes de se aprofundar em questões emocionais.

A meditação guiada é um convite para desacelerar, respirar e estar presente. Ela nos lembra de que, mesmo em momentos de ansiedade, temos o poder de acessar um lugar interno de calma e clareza. Com prática e paciência, a meditação guiada pode transformar a maneira como lidamos com o estresse, promovendo não apenas alívio imediato, mas também um crescimento profundo e duradouro.

Cada sessão de meditação guiada é uma oportunidade de reconexão consigo mesmo. Ao dedicar tempo a essa prática, você não apenas reduz a ansiedade, mas também cultiva uma vida mais consciente, equilibrada e significativa.

Capítulo 29
Exercícios de Autoafirmação

A autoafirmação é uma prática poderosa que nos ajuda a transformar pensamentos negativos, fortalecer a autoestima e reconfigurar a maneira como nos relacionamos com nossas emoções. Para aqueles que enfrentam ansiedade, os exercícios de autoafirmação podem ser uma ferramenta essencial para interromper ciclos de autocrítica e criar um senso de confiança e resiliência emocional. Ao repetir afirmações positivas e intencionais, começamos a reprogramar a mente, substituindo padrões limitantes por crenças que nos empoderam.

A ansiedade, muitas vezes, está enraizada em padrões de pensamento automático e negativo. Essas narrativas internas podem surgir de experiências passadas, expectativas irreais ou até mesmo de críticas recebidas ao longo da vida. Por exemplo, pensamentos como "Eu nunca vou conseguir superar isso" ou "Não sou bom o suficiente" alimentam a ansiedade e criam um senso de incapacidade. As autoafirmações oferecem uma maneira de confrontar e substituir essas crenças disfuncionais. Em vez de simplesmente ignorar os pensamentos ansiosos, as autoafirmações nos ajudam a enfrentá-los com declarações positivas que reafirmam nossa força, valor e capacidade.

Para que os exercícios de autoafirmação sejam eficazes, é essencial que as declarações sejam alinhadas com as necessidades e desejos individuais. Elas devem ser significativas e refletir verdades ou aspirações que ressoam profundamente. Por exemplo, se alguém luta com sentimentos de insegurança em situações sociais, uma afirmação como "Eu sou digno de ser ouvido e respeitado" pode ser particularmente poderosa. Quando repetimos essas afirmações regularmente, criamos novos caminhos neurais, que gradualmente moldam nossas percepções e reações emocionais.

Um aspecto importante da autoafirmação é a repetição. Nossas mentes são moldadas pelo que experimentamos e repetimos continuamente. Assim como a ansiedade é reforçada por pensamentos negativos recorrentes, as crenças positivas também podem se enraizar com a prática constante. Reservar alguns minutos todos os dias para praticar afirmações é uma forma eficaz de criar uma base emocional mais estável. Esse processo pode ser feito em silêncio, em voz alta ou até mesmo escrevendo as afirmações em um diário. O mais importante é o comprometimento com a prática.

Outro componente essencial é a linguagem usada nas autoafirmações. Elas devem ser formuladas no presente e de forma positiva, evitando palavras que reforcem a negatividade. Por exemplo, em vez de dizer "Eu não sou mais ansioso", uma alternativa mais eficaz seria "Eu sou calmo e confiante". A mente responde melhor a declarações afirmativas e presentes, pois elas criam uma imagem clara do estado emocional desejado. Além disso, é importante que as afirmações sejam realistas. Embora seja útil aspirar a mudanças, elas devem ser alcançáveis para evitar sentimentos de frustração.

As autoafirmações também podem ser combinadas com a visualização para aumentar sua eficácia. Ao repetir uma afirmação, visualize-se incorporando a mensagem. Por exemplo, ao dizer "Eu sou capaz de lidar com desafios", imagine-se enfrentando uma situação difícil com calma e confiança. Essa combinação de palavras e imagens reforça a mensagem em um nível mais profundo, ajudando a integrar a crença em sua realidade emocional.

Para aqueles que enfrentam resistência inicial às autoafirmações, é importante entender que essa prática não é sobre negar sentimentos negativos ou "forçar" uma positividade artificial. Em vez disso, trata-se de reconhecer suas emoções e escolher conscientemente mensagens que o ajudem a avançar.

Pode ser útil começar com afirmações mais neutras, como "Eu estou aprendendo a me sentir mais calmo" ou "Estou aberto à possibilidade de mudança". Com o tempo, essas declarações podem evoluir para mensagens mais afirmativas e transformadoras.

Além disso, as autoafirmações podem ser adaptadas para contextos específicos, abordando áreas onde a ansiedade é mais prevalente. Por exemplo, se você enfrenta ansiedade em apresentações públicas, uma afirmação como "Eu sou claro e confiante ao me expressar" pode ser repetida antes de subir ao palco. Se sua ansiedade está relacionada a interações sociais, afirmar "Eu sou digno de conexão e aceitação" pode ajudá-lo a enfrentar essas situações com mais confiança.

Outra forma de incorporar autoafirmações na rotina é combiná-las com práticas de mindfulness ou meditação. Durante um momento de atenção plena, concentre-se em uma única afirmação, repetindo-a mentalmente enquanto respira profundamente. Essa abordagem ajuda a ancorar a mensagem em um estado de calma e receptividade, aumentando sua eficácia. Além disso, escrever as afirmações em um diário ou em post-its que possam ser colocados em locais visíveis, como espelhos ou mesas, serve como lembrete constante de suas intenções.

É importante reconhecer que a eficácia das autoafirmações pode variar de pessoa para pessoa. Algumas pessoas podem experimentar mudanças rápidas em sua mentalidade, enquanto outras podem precisar de mais tempo para notar os efeitos. O sucesso da prática depende do compromisso e da consistência, bem como da disposição para experimentar diferentes abordagens até encontrar o que funciona melhor para você. Seja qual for o caso, a chave é manter uma atitude paciente e compassiva consigo mesmo.

Além de ajudar a aliviar a ansiedade, as autoafirmações têm benefícios adicionais para a saúde mental e emocional. Elas podem melhorar a autoestima, fortalecer a resiliência e promover uma atitude mais positiva em relação à vida. Por exemplo, alguém que pratica regularmente afirmações como "Eu sou merecedor de coisas boas" pode começar a perceber mudanças em sua autopercepção e em suas interações com os outros. Esse efeito acumulativo cria um ciclo positivo, onde a prática das autoafirmações alimenta o crescimento emocional e vice-versa.

Um aspecto único das autoafirmações é sua capacidade de promover mudanças profundas e duradouras. Isso ocorre porque elas não apenas abordam os sintomas da ansiedade, mas também trabalham na raiz da questão: as crenças e padrões de pensamento subjacentes. Com o tempo, as autoafirmações ajudam a reconstruir uma base emocional mais saudável, permitindo que você enfrente desafios com mais confiança e clareza.

Para maximizar os benefícios das autoafirmações, considere compartilhá-las com outras pessoas ou praticá-las em grupo. Conversar sobre suas afirmações com um amigo ou parceiro pode criar um senso de responsabilidade mútua e fortalecer a prática. Além disso, ouvir as afirmações de outras pessoas pode oferecer novas perspectivas e inspiração para criar suas próprias mensagens.

É importante lembrar que as autoafirmações são uma ferramenta entre muitas no caminho para superar a ansiedade e fortalecer o bem-estar emocional. Elas funcionam melhor quando combinadas com outras práticas, como mindfulness, exercícios físicos e suporte terapêutico. Juntas, essas abordagens criam uma rede de apoio que sustenta seu crescimento e sua jornada em direção à cura.

As autoafirmações são mais do que palavras; elas são declarações de intenção, coragem e transformação. Ao integrá-las em sua vida, você não apenas alivia a ansiedade, mas também constrói uma base de força interior que o capacita a enfrentar os desafios com confiança e graça. Essa prática simples, mas poderosa, é um lembrete de que, mesmo em meio à incerteza, você tem o poder de escolher como se relaciona com suas emoções e com o mundo ao seu redor.

Capítulo 30
Desconstruindo Crenças Limitantes

As crenças limitantes são barreiras invisíveis que moldam a maneira como percebemos a nós mesmos e o mundo ao nosso redor. Elas surgem de experiências passadas, influências culturais e familiares, e das mensagens que internalizamos ao longo da vida. Muitas vezes, essas crenças operam de forma silenciosa, influenciando nossas escolhas, comportamentos e reações emocionais sem que percebamos. Quando não reconhecidas, essas crenças podem alimentar a ansiedade, reforçar sentimentos de inadequação e nos manter presos em ciclos de autossabotagem. Desconstruir essas crenças é um passo essencial para alcançar a liberdade emocional e desbloquear nosso verdadeiro potencial.

Crenças limitantes costumam ter raízes profundas, muitas vezes formadas na infância. Elas podem ser resultado de mensagens que ouvimos repetidamente, como "Você nunca será bom o suficiente" ou "O mundo é um lugar perigoso". Essas frases podem não ter sido ditas de forma direta, mas transmitidas através de atitudes, experiências ou até mesmo do silêncio em momentos importantes. Por exemplo, uma criança que cresceu em um ambiente onde seus esforços nunca foram reconhecidos pode desenvolver a crença de que precisa se esforçar incessantemente para ser valorizada. Mais tarde, essa crença pode se manifestar como perfeccionismo ou medo constante de falhar, alimentando a ansiedade.

Outro aspecto importante é que as crenças limitantes não se limitam à visão que temos de nós mesmos. Elas também afetam como percebemos os outros e o mundo. Por exemplo, alguém que acredita que "as pessoas sempre te decepcionam" pode evitar relacionamentos profundos ou se isolar, perpetuando sentimentos de solidão e desconexão. Da mesma forma, a crença de que "o sucesso exige sacrifício total" pode levar ao esgotamento emocional e físico, criando um ciclo de autodestruição.

Reconhecer essas crenças é o primeiro passo para desconstruí-las. Isso exige introspecção e disposição para explorar padrões emocionais e comportamentais. Perguntar a si mesmo: "Por que eu acredito nisso? Essa crença realmente reflete minha verdade ou é algo que aprendi e nunca questionei?" pode ajudar a trazer essas ideias ocultas para a superfície. Muitas vezes, ao examinar uma crença, percebemos que ela foi baseada em uma experiência específica que não é mais relevante para nossa realidade atual.

Uma vez que identificamos uma crença limitante, é importante questioná-la. Isso envolve desafiar a validade dessa crença e buscar evidências que a contradigam. Por exemplo, se você acredita que "não sou bom em nada", pode listar momentos em que teve sucesso ou foi reconhecido por suas habilidades. Esse processo ajuda a desmantelar a base emocional da crença, permitindo que ela perca força. Questionar essas ideias não é apenas um exercício intelectual, mas também emocional, pois envolve confrontar medos e inseguranças que foram mantidos por muito tempo.

A substituição de crenças limitantes por crenças fortalecedoras é o próximo passo no processo de desconstrução. Isso não significa ignorar completamente os sentimentos associados à antiga crença, mas sim criar novas narrativas que refletem suas capacidades e possibilidades. Por exemplo, a crença "não posso cometer erros" pode ser substituída por "os erros são oportunidades para aprender e crescer". Essa nova perspectiva permite uma abordagem mais compassiva e flexível em relação a si mesmo e aos desafios da vida.

A prática de afirmações positivas também pode ser uma ferramenta poderosa para reprogramar a mente e substituir crenças limitantes. Ao repetir declarações que reforçam suas habilidades e valores, você começa a criar novos caminhos neurais que fortalecem essas crenças positivas. Por exemplo, alguém que luta com a crença de que "não merece ser feliz" pode começar a afirmar: "Eu sou digno de alegria e felicidade em minha vida." Com o tempo, essas afirmações começam a substituir as narrativas negativas que perpetuam a ansiedade e a autossabotagem.

A desconstrução de crenças limitantes também exige paciência e persistência. Essas crenças foram formadas ao longo de anos e, muitas vezes, reforçadas por experiências e influências externas. Mudá-las requer um esforço consistente para desafiar e reformular esses padrões. Isso pode envolver revisitar memórias dolorosas, trabalhar com um terapeuta ou buscar práticas que promovam a autoconsciência, como journaling e meditação. O mais importante é estar comprometido com o processo, mesmo que ele seja desconfortável ou demorado.

Além disso, é essencial reconhecer que as crenças limitantes não são apenas individuais, mas também coletivas. Muitas vezes, as mensagens que recebemos da sociedade ou da cultura em que vivemos contribuem para a formação dessas crenças. Por exemplo, expectativas irreais sobre sucesso, beleza ou status podem levar a sentimentos de inadequação e ansiedade. Questionar essas normas sociais e culturais é uma parte importante do processo de desconstrução. Isso pode incluir buscar novas perspectivas, conectar-se com comunidades que promovem valores mais inclusivos e desafiadores, e adotar uma abordagem mais crítica em relação às mensagens que consumimos.

Outra estratégia útil é praticar a gratidão e o reconhecimento. Muitas vezes, as crenças limitantes nos fazem focar no que falta ou no que está errado em nossas vidas, obscurecendo nossas realizações e pontos fortes. Reservar um tempo para refletir sobre suas conquistas, habilidades e qualidades ajuda a equilibrar essa perspectiva, promovendo um senso de valor próprio. Isso não significa negar suas lutas ou desafios, mas sim cultivar uma visão mais equilibrada e abrangente de quem você é.

A conexão com outras pessoas também desempenha um papel importante nesse processo. Compartilhar suas crenças limitantes com amigos de confiança, familiares ou um terapeuta pode oferecer novas perspectivas e validação. Muitas vezes, ouvir outras pessoas desafiaram suas próprias crenças limitantes e como as superaram pode ser inspirador e motivador. Além disso, o apoio social ajuda a lembrar que você não está sozinho nessa jornada, criando um senso de pertencimento e encorajamento.

À medida que você desconstrói suas crenças limitantes, também é importante criar novas metas e aspirações que reflitam sua transformação. Essas metas não precisam ser grandiosas; podem ser pequenos passos que o aproximem de sua visão de um futuro mais positivo e alinhado com seus valores. Por exemplo, alguém que superou a crença de que "não é bom em socializar" pode definir como meta participar de um evento social ou iniciar uma conversa com alguém novo. Cada pequeno passo fortalece sua confiança e reforça as novas crenças que você está construindo.

É essencial lembrar que desconstruir crenças limitantes é um processo contínuo. Novas experiências e desafios podem trazer à tona velhas crenças ou criar novas. O importante é abordar essas situações com curiosidade e compaixão, reconhecendo que o crescimento emocional e pessoal é uma jornada, não um destino. Com o tempo, você se torna mais habilidoso em identificar e desafiar essas crenças, criando uma base emocional mais forte e resiliente.

Desconstruir crenças limitantes é um ato de libertação. É um processo que exige coragem para confrontar o que nos prende, compaixão para aceitar nossas imperfeições e determinação para criar uma nova narrativa. Ao abandonar as crenças que limitam nosso potencial, abrimos espaço para a autenticidade, a alegria e a conexão com quem realmente somos. Essa transformação não apenas reduz a ansiedade, mas também nos capacita a viver de forma plena e significativa, em alinhamento com nossos valores e aspirações.

Capítulo 31
Reconhecendo Suas Necessidades

Reconhecer nossas necessidades emocionais, físicas e mentais é uma parte essencial do processo de compreender nossas emoções e reduzir a ansiedade. Muitas vezes, a ansiedade surge quando ignoramos ou negligenciamos essas necessidades, tentando nos adaptar às expectativas externas ou evitando enfrentar nossas vulnerabilidades. Essa desconexão entre o que sentimos e o que realmente precisamos cria um desequilíbrio interno que se manifesta como inquietação, tensão e um senso persistente de insatisfação. Reaprender a reconhecer nossas necessidades não é apenas um ato de autocuidado, mas também uma forma de reconexão com nossa essência.

O processo de reconhecer suas necessidades começa com a prática de observar e aceitar suas emoções. As emoções, sejam elas positivas ou desafiadoras, são sinais importantes que indicam o que está acontecendo dentro de você. A tristeza pode ser um chamado para o descanso ou o conforto, enquanto a raiva pode indicar a necessidade de estabelecer limites. A ansiedade, por sua vez, frequentemente sinaliza que algo em sua vida precisa de atenção ou cuidado. Em vez de ignorar ou reprimir essas emoções, reserve um momento para se perguntar: "O que essa emoção está tentando me dizer? Que necessidade ela está apontando?" Essa abordagem de curiosidade e aceitação é o primeiro passo para identificar o que está por trás das sensações desconfortáveis.

Para muitas pessoas, identificar suas necessidades pode ser desafiador, especialmente se cresceram em ambientes onde essas necessidades não foram validadas ou priorizadas. Em tais casos, pode haver uma desconexão entre o que você sente e como interpretar essas sensações. Por exemplo, alguém que foi ensinado a colocar os outros sempre em primeiro lugar pode ter dificuldade em reconhecer a necessidade de descanso ou de tempo para si mesmo, interpretando esses desejos como egoísmo. Nesse contexto, é essencial trabalhar na desconstrução dessas crenças limitantes, permitindo-se explorar suas necessidades sem culpa ou julgamento.

Uma maneira prática de começar a reconhecer suas necessidades é prestar atenção às mensagens do seu corpo. O corpo é um indicador poderoso de nossas necessidades, frequentemente antes mesmo que as emoções se manifestem de forma consciente. Sensações de cansaço, tensão, dores ou mudanças no apetite podem ser sinais de que algo precisa de atenção. Por exemplo, a tensão no pescoço e nos ombros pode indicar estresse acumulado ou a necessidade de relaxamento, enquanto o cansaço constante pode ser um sinal de que você está ultrapassando seus limites. Tornar-se mais consciente dessas mensagens corporais ajuda a identificar áreas em sua vida que exigem ajustes.

Além do corpo, seus padrões de pensamento e comportamento também podem oferecer pistas sobre suas necessidades. Preocupações constantes podem indicar a necessidade de segurança ou clareza em uma área da sua vida. Sentir-se sobrecarregado pode ser um sinal de que você precisa delegar tarefas ou estabelecer limites. Por outro lado, a apatia ou a falta de motivação podem sugerir que você precisa de inspiração, conexão ou novos desafios. Refletir sobre esses padrões com uma abordagem de curiosidade, em vez de julgamento, ajuda a entender o que está subjacente a essas experiências.

Reconhecer suas necessidades também envolve explorar suas prioridades e valores. Muitas vezes, a ansiedade surge quando nossas ações e escolhas não estão alinhadas com o que realmente valorizamos. Por exemplo, se você valoriza a conexão familiar, mas se sente preso em um trabalho que consome todo o seu tempo, é provável que surja uma sensação de insatisfação ou ansiedade. Tirar um momento para refletir sobre o que é mais importante para você e como suas escolhas diárias refletem esses valores pode trazer clareza sobre o que precisa ser ajustado. Pergunte a si mesmo: "Estou vivendo de acordo com o que mais valorizo? O que está faltando em minha vida que é essencial para o meu bem-estar?"

Outra ferramenta útil para reconhecer suas necessidades é o journaling. Escrever sobre seus sentimentos, preocupações e experiências ajuda a organizar seus pensamentos e a identificar padrões. Você pode começar com perguntas simples, como: "O que está me incomodando agora?", "O que eu realmente preciso neste momento?" ou "Quais partes da minha vida me fazem sentir completo e quais me deixam vazio?" O journaling não apenas ajuda a esclarecer suas necessidades, mas também cria um espaço seguro para explorar suas emoções sem medo de julgamento.

Praticar a atenção plena também é uma maneira eficaz de se conectar com suas necessidades. Mindfulness ensina a estar presente no momento, observando seus pensamentos e sensações sem julgamento. Ao praticar a atenção plena, você pode começar a notar sinais sutis de suas necessidades antes que elas se tornem urgentes ou avassaladoras. Por exemplo, ao reservar alguns minutos para respirar profundamente e observar suas sensações, você pode perceber que está cansado, com fome ou emocionalmente sobrecarregado. Essa prática ajuda a criar um senso de conexão consigo mesmo, tornando mais fácil reconhecer e atender às suas necessidades.

Reconhecer suas necessidades não significa apenas identificá-las, mas também aprender a comunicá-las de forma assertiva. Muitas vezes, temos medo de expressar nossas necessidades por temer rejeição ou conflito. No entanto, a comunicação honesta é essencial para estabelecer limites saudáveis e construir relacionamentos autênticos. Isso pode começar com pequenas mudanças, como dizer "não" a compromissos que não se alinham com suas prioridades ou pedir apoio quando necessário. À medida que você se torna mais confortável em expressar suas necessidades, começa a criar um ambiente em que suas emoções e desejos são validados e respeitados.

Uma parte importante desse processo é superar a culpa associada ao cuidado pessoal. Muitos de nós fomos condicionados a acreditar que colocar nossas necessidades em primeiro lugar é egoísta. No entanto, cuidar de si mesmo é um ato de responsabilidade, não de egoísmo. Quando você atende às suas necessidades, não apenas se sente mais equilibrado e capaz, mas também tem mais energia e capacidade para apoiar os outros. Reconhecer isso pode ajudá-lo a se libertar da culpa e a adotar uma abordagem mais compassiva em relação ao autocuidado.

Reconhecer suas necessidades também significa estar disposto a fazer mudanças em sua vida quando necessário. Isso pode envolver ajustar sua rotina, reavaliar compromissos ou até mesmo reconsiderar relacionamentos que não atendem mais às suas necessidades emocionais. Embora essas mudanças possam ser desafiadoras, elas são essenciais para criar uma vida que esteja em harmonia com quem você realmente é. Pergunte a si mesmo: "O que posso fazer para atender a essa necessidade? Que passos práticos posso tomar para criar mais equilíbrio e satisfação em minha vida?"

Outra dimensão importante desse processo é reconhecer que suas necessidades podem mudar ao longo do tempo. O que você precisava em uma fase anterior da vida pode não ser o que precisa agora. Permanecer aberto a essa evolução e disposto a ajustar sua abordagem é uma parte natural do crescimento pessoal. Reserve um tempo regularmente para avaliar suas necessidades e como você está atendendo a elas, adaptando-se conforme necessário.

Reconhecer suas necessidades é um ato de coragem e autocompaixão. É um convite para estar presente consigo mesmo, para ouvir o que seu corpo, mente e coração estão pedindo e para responder a esses chamados com autenticidade e cuidado. Ao atender às suas necessidades, você não apenas reduz a ansiedade, mas também cria uma base sólida para uma vida mais equilibrada e significativa. Esse processo exige prática, paciência e disposição para crescer, mas os benefícios são transformadores, permitindo que você viva com mais consciência, conexão e plenitude.

Capítulo 32
Aceitando Suas Emoções

Aceitar suas emoções é um processo transformador que permite uma reconexão profunda com sua humanidade. Muitas vezes, lutamos contra emoções negativas, como tristeza, raiva, medo ou ansiedade, tentando suprimi-las ou ignorá-las. Esse esforço de resistência, no entanto, frequentemente intensifica o sofrimento, criando um ciclo de desconexão e autocrítica. A aceitação emocional, por outro lado, nos convida a acolher cada emoção como parte integrante de nossa experiência, sem julgamento ou resistência. Esse ato não é um sinal de fraqueza, mas de coragem, pois exige que enfrentemos nossas vulnerabilidades com compaixão e abertura.

Em nossa sociedade, há uma tendência a valorizar emoções positivas como alegria e confiança, enquanto sentimentos desafiadores são vistos como inconvenientes ou sinais de falha pessoal. Essa mentalidade pode nos levar a suprimir emoções difíceis, seja para nos conformarmos às expectativas sociais ou para evitar o desconforto que elas trazem. No entanto, emoções negativas têm um propósito vital: elas nos alertam sobre necessidades não atendidas, limites ultrapassados ou situações que requerem nossa atenção. Reconhecê-las e aceitá-las é o primeiro passo para compreender o que elas estão tentando comunicar.

A aceitação das emoções começa com o ato de permitir-se sentir. Isso pode parecer simples, mas muitas vezes enfrentamos uma resistência automática a emoções que consideramos indesejáveis. Essa resistência pode se manifestar como distrações, comportamentos de evitação ou até autocrítica. Por exemplo, ao sentir ansiedade, você pode tentar se ocupar excessivamente ou ignorar a sensação, na esperança de que ela desapareça. Em vez disso, a aceitação pede que você pause e observe a emoção sem tentar mudá-la. Pergunte a si mesmo: "O que estou sentindo agora? Onde isso se manifesta em meu corpo? Posso permitir que isso exista por um momento, sem resistência?"

Uma prática útil para cultivar a aceitação emocional é o mindfulness. Ao praticar a atenção plena, você aprende a observar suas emoções como elas são, sem se envolver excessivamente ou se identificar completamente com elas. Imagine sua emoção como uma onda no oceano: ela sobe, alcança um pico e, eventualmente, se dissipa. Saber que toda emoção é transitória ajuda a reduzir o medo ou a aversão a senti-la. A prática de mindfulness ensina que emoções não são permanentes; elas são experiências passageiras que não definem quem você é.

Outra ferramenta poderosa para aceitar suas emoções é nomeá-las. Dar um nome à emoção que você está sentindo ajuda a criar distância entre você e a experiência emocional, permitindo que você a observe de forma mais objetiva. Por exemplo, ao dizer "Estou sentindo tristeza" em vez de "Estou triste", você muda a perspectiva, reconhecendo que a emoção é algo que você está experimentando, mas que não define sua identidade. Essa mudança sutil de linguagem pode ter um impacto significativo na maneira como você lida com suas emoções.

Aceitar emoções não significa resignar-se a elas ou permitir que elas controlem suas ações. Em vez disso, trata-se de criar um espaço onde você possa explorar suas emoções com curiosidade e compaixão, entendendo o que elas estão tentando comunicar. Por exemplo, a raiva pode indicar que um limite foi ultrapassado, enquanto a tristeza pode sinalizar a necessidade de descanso ou reflexão. Ao ouvir suas emoções em vez de resistir a elas, você pode tomar decisões mais conscientes e alinhadas com suas necessidades.

A autocompaixão é um componente essencial da aceitação emocional. Muitas vezes, somos duros conosco mesmos por sentir certas emoções, julgando-nos por sermos "fracos" ou "excessivamente emocionais". Essa autocrítica intensifica o sofrimento e cria uma desconexão entre nós e nossos sentimentos. Praticar a autocompaixão envolve tratar a si mesmo com a mesma gentileza e compreensão que você ofereceria a um amigo em um momento difícil. Dizer a si mesmo frases como "É normal sentir isso" ou "Estou passando por algo desafiador e está tudo bem" pode ajudar a aliviar o peso emocional.

Outro aspecto importante da aceitação emocional é entender que ela não significa aprovar ou gostar das emoções que você está sentindo. Por exemplo, aceitar o medo não significa que você deseja viver com medo constantemente. Em vez disso, significa reconhecer sua presença sem lutar contra ela, permitindo que você explore sua origem e tome medidas para lidar com ela de maneira saudável. Essa abordagem reduz a intensidade do medo, pois elimina a energia gasta na resistência.

Práticas corporais também podem ajudar a aceitar emoções de forma mais completa. As emoções muitas vezes se manifestam fisicamente, como tensão, aperto no peito ou dor de estômago. Movimentos conscientes, como ioga, alongamentos ou exercícios respiratórios, podem ajudar a liberar essas sensações físicas, facilitando a aceitação emocional. Por exemplo, ao sentir ansiedade, praticar respirações profundas e lentas pode ajudar a criar um espaço de calma onde a emoção pode ser explorada sem sobrecarregar.

Além disso, expressar suas emoções de maneira saudável é uma forma de aceitá-las. Isso pode incluir conversar com alguém de confiança, escrever sobre seus sentimentos em um diário ou até mesmo usar formas criativas, como arte ou música, para processar o que você está sentindo. Quando você dá voz às suas emoções, elas perdem parte de sua intensidade e tornam-se mais fáceis de gerenciar.

Aceitar suas emoções também exige que você abandone a necessidade de controle total sobre elas. Muitas vezes, queremos ser capazes de "controlar" como nos sentimos, acreditando que isso nos tornará mais fortes ou mais estáveis. No entanto, as emoções não podem ser controladas; elas são respostas naturais a experiências internas e externas. Em vez de tentar controlá-las, pratique estar presente com elas, permitindo que sigam seu curso natural.

Reconhecer os padrões de resistência emocional em sua vida pode ajudá-lo a entender melhor suas reações automáticas. Pergunte a si mesmo: "Que emoções tenho dificuldade em aceitar? Por quê?" Muitas vezes, a resistência está ligada a experiências passadas ou mensagens culturais que moldaram nossa percepção de certas emoções. Trabalhar para recontextualizar essas crenças pode ajudá-lo a criar um relacionamento mais saudável com suas emoções.

Aceitar suas emoções é um processo contínuo. Não é algo que você faz uma vez e está resolvido; é uma prática diária que exige paciência e compromisso. Haverá momentos em que será mais difícil aceitar certas emoções, e está tudo bem. O mais importante é continuar se aproximando delas com curiosidade e compaixão, sabendo que cada passo nessa jornada o aproxima de uma conexão mais profunda consigo mesmo.

Aceitar suas emoções é um ato de coragem e autocompreensão. Ao acolher cada sentimento como parte de sua experiência humana, você cria um espaço para a cura, o crescimento e a transformação. Esse processo não apenas reduz a ansiedade, mas também permite que você viva com mais autenticidade e equilíbrio, em harmonia com suas emoções e sua essência.

Capítulo 33
O Poder do Perdão

O perdão é uma das práticas emocionais mais transformadoras que podemos adotar, tanto em relação aos outros quanto a nós mesmos. Ele não é apenas um ato de liberação, mas uma forma de reconexão com nossa essência e com o mundo ao nosso redor. Muitas vezes, o perdão é mal compreendido como algo que beneficia exclusivamente a pessoa que nos causou dor ou como uma aceitação passiva de eventos dolorosos. No entanto, o verdadeiro perdão é um presente que oferecemos a nós mesmos, libertando-nos de correntes emocionais que nos mantêm presos ao passado e perpetuam a ansiedade, a raiva e a culpa.

A dificuldade em perdoar frequentemente está ligada à intensidade da dor causada por alguém ou por uma situação. Quando nos sentimos magoados, traídos ou injustiçados, nosso instinto inicial é proteger-nos, criando barreiras emocionais e, muitas vezes, nutrindo ressentimento como uma forma de autopreservação. Embora essa resposta seja compreensível, ela também pode se tornar uma prisão emocional. O ressentimento, ao contrário do que parece, não nos protege; ele nos consome lentamente, bloqueando nossa capacidade de experimentar alegria, conexão e paz interior. Perdoar não é esquecer ou justificar a ação que nos feriu, mas sim libertar-nos do peso que carregamos como resultado dela.

O perdão também é frequentemente confundido com reconciliação. Muitas vezes, acreditamos que perdoar significa restaurar relacionamentos ou permitir que a pessoa que nos magoou continue a ter um lugar em nossa vida. No entanto, o perdão é um processo interno que não depende de ações externas.

É possível perdoar alguém sem jamais restabelecer contato ou permitir que a dinâmica anterior continue. O perdão é sobre você, sua saúde emocional e sua liberdade, não sobre a validação ou o reconhecimento do outro.

Perdoar também pode ser desafiador porque, em alguns casos, sentimos que ao fazê-lo estamos abrindo mão de nossa dor ou enfraquecendo a importância de nossa experiência. No entanto, o perdão não diminui a validade de nossa dor; ele a reconhece plenamente e escolhe não deixá-la dominar nossa vida. Perdoar é um ato de força, não de fraqueza. É a decisão consciente de deixar de lado o sofrimento que nos foi imposto e recuperar o controle de nossas emoções e bem-estar.

Uma das formas mais profundas de perdão é aquela que oferecemos a nós mesmos. Muitas vezes, carregamos um fardo pesado de culpa por erros passados, escolhas que acreditamos ter prejudicado a nós ou a outros, ou simplesmente por não atender às expectativas que estabelecemos para nós mesmos. Essa autocrítica constante cria uma espiral de autossabotagem e desconexão, dificultando a autoaceitação e alimentando a ansiedade. O perdão a si mesmo exige que reconheçamos nossa humanidade, aceitemos nossas imperfeições e compreendamos que o crescimento pessoal é um processo contínuo.

Perdoar a si mesmo não significa negar responsabilidade ou evitar reparação quando necessário. Pelo contrário, envolve assumir a responsabilidade de forma saudável, reconhecendo o impacto de nossas ações, aprendendo com elas e tomando medidas para reparar quaisquer danos que possamos ter causado. Esse processo nos liberta da culpa paralisante, transformando-a em uma oportunidade de crescimento e renovação. Para muitas pessoas, isso também significa mudar a maneira como falamos conosco mesmos. Em vez de nutrir pensamentos como "Eu sou um fracasso" ou "Eu nunca deveria ter feito isso", podemos começar a afirmar: "Eu cometi um erro, mas posso aprender com ele" ou "Eu mereço a chance de crescer e mudar."

Perdoar os outros é igualmente transformador, embora também seja frequentemente acompanhado de resistência.

Quando alguém nos causa dor, é natural sentir que o perdão é uma concessão que essa pessoa não merece. No entanto, é importante lembrar que o perdão não é para a outra pessoa; é para você. Ao perdoar, você libera a energia emocional que está sendo usada para sustentar o ressentimento, criando espaço para a cura e o alívio. Não se trata de aprovar as ações da outra pessoa, mas de decidir que sua felicidade e paz interior são mais importantes do que manter o peso da mágoa.

O perdão, tanto para si mesmo quanto para os outros, é um processo e não um evento único. Ele pode exigir tempo, paciência e disposição para revisitar a dor que estamos tentando liberar. É normal sentir resistência ou até mesmo reverter temporariamente para sentimentos de raiva ou tristeza durante esse processo. O importante é continuar avançando com intenção e compaixão, reconhecendo que o perdão é uma jornada que requer prática e compromisso.

Para muitas pessoas, práticas simbólicas podem ajudar a tornar o perdão mais tangível. Por exemplo, escrever uma carta para a pessoa que você está perdoando, mesmo que nunca a envie, pode ser uma maneira poderosa de expressar sentimentos e liberar a dor associada a eles. Você pode usar essa carta para reconhecer o impacto da ação, expressar seus sentimentos e afirmar sua intenção de seguir em frente. Outra prática simbólica é imaginar a liberação do ressentimento como uma luz que envolve e cura você, permitindo que a dor se dissolva gradualmente.

Outra ferramenta valiosa no processo de perdão é a empatia. Embora seja difícil, tentar entender as circunstâncias ou motivações que levaram a outra pessoa a agir de determinada forma pode ajudar a diminuir a intensidade do ressentimento. Isso não significa justificar ou minimizar suas ações, mas reconhecer que todos são moldados por suas próprias experiências, traumas e limitações. Ao desenvolver essa perspectiva, você pode encontrar mais facilidade para liberar a dor e avançar.

A terapia também pode ser um espaço importante para explorar o perdão, especialmente quando há traumas profundos envolvidos. Um terapeuta pode ajudar a guiar o processo, oferecendo ferramentas para lidar com emoções complexas e criando um espaço seguro para explorar a dor. Práticas como a constelação familiar podem revelar dinâmicas ocultas que influenciam nossa dificuldade em perdoar, permitindo uma compreensão mais profunda das emoções que carregamos.

Além disso, é importante reconhecer que o perdão não precisa ser perfeito. Você pode perdoar parcialmente, encontrar alívio em pequenos passos e continuar trabalhando no processo ao longo do tempo. Não há um prazo para o perdão nem uma maneira única de alcançá-lo. Permita-se avançar no ritmo que faz sentido para você, lembrando-se de que cada ato de perdão, por menor que pareça, é um passo em direção à liberdade emocional.

O perdão é um ato de amor-próprio. Ao liberar mágoas, culpas e ressentimentos, você cria espaço para experimentar alegria, conexão e leveza. É um presente que você oferece a si mesmo, permitindo-se viver no presente em vez de ficar preso ao passado. Embora o processo possa ser desafiador, os benefícios são profundamente transformadores, proporcionando um senso renovado de paz e plenitude. O perdão não é sobre o que foi perdido; é sobre o que pode ser ganho ao escolher a cura.

Capítulo 34
Reconstruindo Relacionamentos

Reconstruir relacionamentos é um processo delicado que exige paciência, empatia e compromisso. Muitas vezes, nossas conexões com os outros se tornam frágeis ou tensas devido a mal-entendidos, mágoas acumuladas ou falta de comunicação. Essas fraturas podem gerar sentimentos de isolamento, ansiedade e até mesmo culpa, mas também oferecem uma oportunidade única de transformação e fortalecimento. Trabalhar para reconstruir relacionamentos não significa voltar ao ponto de partida, mas sim criar algo novo, baseado em compreensão mútua, respeito e aceitação.

O primeiro passo para reconstruir qualquer relacionamento é reconhecer e aceitar o estado atual da conexão. Isso envolve uma avaliação honesta das dinâmicas existentes, das emoções envolvidas e das necessidades de cada parte. Muitas vezes, evitamos essa reflexão porque ela pode trazer à tona mágoas antigas ou até mesmo dúvidas sobre o valor da relação. No entanto, sem esse entendimento inicial, é impossível avançar de maneira significativa. Perguntar a si mesmo o que o relacionamento significa para você, o que contribuiu para os desafios atuais e quais mudanças você gostaria de ver é essencial para criar uma base sólida para a reconstrução.

A comunicação é o alicerce de qualquer esforço para reparar laços. Frequentemente, os relacionamentos se deterioram não apenas por ações específicas, mas pela falta de diálogo aberto e honesto. Reaprender a comunicar-se de forma autêntica requer vulnerabilidade, o que pode ser assustador, especialmente se houve conflitos anteriores. No entanto, expressar seus sentimentos e necessidades com clareza, ao mesmo tempo em que está disposto a ouvir o outro, cria um espaço de segurança emocional que é crucial para a reconexão. É importante abordar essas conversas com uma intenção genuína de ouvir e compreender, em vez de culpar ou justificar.

Reconstruir relacionamentos também exige empatia, que é a capacidade de se colocar no lugar do outro e tentar compreender sua perspectiva. Isso não significa necessariamente concordar com suas ações ou opiniões, mas reconhecer que sua experiência é válida e significativa. A empatia cria um ambiente de aceitação, onde ambas as partes se sentem ouvidas e valorizadas. Muitas vezes, ao demonstrar empatia, você abre caminho para que o outro também veja e reconheça suas próprias necessidades e emoções, promovendo uma conexão mais profunda.

É igualmente importante reconhecer e validar as emoções envolvidas no processo. Reconstruir um relacionamento pode trazer sentimentos mistos de esperança, ansiedade, mágoa ou até mesmo dúvida. Em vez de ignorar ou reprimir essas emoções, permita-se senti-las e processá-las. Isso inclui dar espaço para que o outro expresse suas próprias emoções sem julgamento. A validação mútua das emoções cria um terreno fértil para o crescimento, mostrando que ambas as partes estão comprometidas em entender e apoiar uma à outra.

O perdão desempenha um papel central na reconstrução de relacionamentos. Tanto o perdão a si mesmo quanto ao outro são fundamentais para superar os erros ou mal-entendidos que contribuíram para o distanciamento. O perdão não é um ato de apagar o passado, mas de liberar o peso emocional associado a ele. Ele permite que ambas as partes sigam em frente sem carregar ressentimentos ou culpas, criando espaço para um novo começo. No entanto, o perdão é um processo que leva tempo e exige esforço consciente. É importante que ele seja oferecido de forma genuína, sem pressão ou expectativas de reciprocidade imediata.

Outro aspecto importante ao reconstruir relacionamentos é estabelecer limites saudáveis. Muitas vezes, o desgaste em uma conexão ocorre porque os limites não foram respeitados ou claramente definidos. Reconstruir um relacionamento não significa permitir que padrões prejudiciais continuem. Em vez disso, é uma oportunidade de renegociar as dinâmicas, garantindo que ambas as partes se sintam respeitadas e valorizadas. Estabelecer limites não é um sinal de afastamento, mas de cuidado com a relação e consigo mesmo.

    A paciência é essencial nesse processo. Reconstruir um relacionamento, especialmente aqueles marcados por mágoas profundas ou distanciamentos prolongados, não acontece da noite para o dia. Pode haver momentos de progresso e outros de retrocesso, e isso é normal. O importante é permanecer comprometido com o processo, mesmo quando as coisas parecerem difíceis. Isso inclui ser paciente consigo mesmo e com o outro, reconhecendo que a cura emocional e a reconexão levam tempo.

    Os pequenos gestos também desempenham um papel importante na reconstrução de relacionamentos. Muitas vezes, são as ações simples e consistentes que mostram ao outro que você valoriza a conexão. Isso pode incluir dedicar tempo para estar presente, demonstrar interesse genuíno pelo bem-estar do outro ou simplesmente expressar gratidão por sua presença na sua vida. Esses gestos reforçam o compromisso e ajudam a reconstruir a confiança, que é fundamental para qualquer relacionamento saudável.

    Além disso, é importante estar aberto à mudança. Reconstruir um relacionamento não significa retornar ao que era antes, mas criar algo novo que seja mais forte e mais alinhado às necessidades e valores de ambas as partes. Isso exige disposição para abandonar velhos padrões e explorar novas maneiras de se conectar. Por exemplo, se a falta de comunicação foi um problema no passado, pode ser útil adotar práticas regulares de check-ins emocionais, onde ambas as partes compartilham seus pensamentos e sentimentos de forma aberta.

    É crucial reconhecer que nem todos os relacionamentos podem ou devem ser reconstruídos. Em alguns casos, os danos podem ser tão profundos ou os valores tão incompatíveis que seguir caminhos separados é a melhor opção para ambas as partes. Saber quando deixar ir é tão importante quanto saber quando persistir. Reconstruir relacionamentos deve ser um processo que traz benefícios mútuos, e não uma tentativa de forçar algo que não é mais saudável ou viável.

Reconstruir relacionamentos é uma jornada de crescimento pessoal tanto quanto é sobre a conexão com o outro. O processo exige que você examine suas próprias emoções, comportamentos e padrões, permitindo que você cresça e evolua como indivíduo. À medida que você trabalha para fortalecer seus relacionamentos, também fortalece sua capacidade de se conectar consigo mesmo, criando uma base emocional mais sólida e resiliente.

Reconstruir relacionamentos é um ato de esperança e coragem. É um processo que exige esforço contínuo, mas os benefícios são profundos. Conexões significativas não apenas enriquecem nossas vidas, mas também nos ajudam a enfrentar os desafios emocionais com mais força e apoio. Ao abordar esse processo com empatia, paciência e abertura, você cria a oportunidade de transformar a dor do passado em um futuro de compreensão e vínculo renovado. Essa jornada não é apenas sobre reparar o que foi quebrado, mas sobre construir algo novo e mais forte do que antes.

Capítulo 35
Criando Novos Padrões

Criar novos padrões emocionais, comportamentais e relacionais é uma tarefa essencial para quem busca transformação e alívio da ansiedade. Muitas vezes, os padrões que seguimos em nossas vidas são formados por experiências passadas, crenças limitantes e hábitos que, embora tenham servido a um propósito em determinado momento, não são mais úteis ou saudáveis. Esses padrões podem nos manter presos em ciclos de medo, autossabotagem e reatividade, perpetuando estados de estresse e desconexão. Criar novos padrões é um processo de reconstrução que exige consciência, intenção e prática consistente, mas que também abre caminho para uma vida mais equilibrada, autêntica e alinhada com nossos valores.

O primeiro passo para criar novos padrões é reconhecer os antigos que já não servem mais. Muitas vezes, esses comportamentos ou pensamentos se manifestam automaticamente, sem que percebamos o impacto que têm em nossas vidas. Eles podem incluir hábitos como evitar conversas difíceis, reagir impulsivamente ao conflito, procrastinar diante de responsabilidades ou até mesmo nutrir pensamentos de autocrítica. Reconhecer esses padrões exige um olhar honesto e compassivo para si mesmo, aceitando que, embora esses comportamentos possam ter sido úteis no passado, agora estão impedindo o crescimento e o bem-estar.

A autoconsciência é a base desse processo. Ao observar suas reações emocionais, pensamentos recorrentes e escolhas diárias, você pode começar a identificar os padrões que deseja mudar. Por exemplo, se você percebe que frequentemente reage com ansiedade em situações sociais, pode se perguntar: "Que pensamento ou crença está alimentando essa resposta? Como esse padrão foi formado?" Essa reflexão ajuda a desvendar as raízes desses comportamentos, permitindo que você trabalhe para substituí-los de forma mais eficaz.

Criar novos padrões exige também uma visão clara do que você deseja alcançar. Definir intenções específicas para como deseja se sentir, agir ou se relacionar consigo mesmo e com os outros é essencial para orientar esse processo. Por exemplo, em vez de simplesmente querer "parar de procrastinar", você pode estabelecer a intenção de "priorizar tarefas importantes com confiança e consistência". Essa abordagem focada em soluções ajuda a criar uma direção clara e tangível para sua transformação.

No entanto, transformar padrões antigos em novos requer prática consistente. Mudanças significativas não acontecem da noite para o dia; elas são construídas através de pequenos passos que, repetidos ao longo do tempo, criam novos hábitos. Isso pode incluir estratégias simples, como reservar um momento todas as manhãs para estabelecer prioridades, praticar a respiração consciente antes de reagir impulsivamente ou até mesmo adotar mantras ou afirmações que reforcem sua nova perspectiva. Cada pequeno passo contribui para a criação de um novo padrão, fortalecendo sua capacidade de responder aos desafios de maneira mais equilibrada e intencional.

Além disso, é importante cultivar a paciência consigo mesmo durante esse processo. Quando tentamos criar novos padrões, é comum enfrentarmos retrocessos ou lapsos nos velhos comportamentos. Esses momentos não são falhas, mas oportunidades de aprendizado. Reconhecer e refletir sobre esses lapsos ajuda a fortalecer sua determinação e a ajustar sua abordagem, garantindo que você continue avançando, mesmo diante de desafios. Ser gentil consigo mesmo durante esse processo é fundamental, pois a transformação exige coragem e perseverança.

O ambiente também desempenha um papel crucial na criação de novos padrões. Muitas vezes, os comportamentos que desejamos mudar estão ligados a contextos ou influências externas que reforçam os velhos hábitos. Fazer mudanças em seu ambiente, como organizar sua casa de forma que promova o foco e a calma, cercar-se de pessoas que apoiem seu crescimento ou limitar a exposição a estímulos negativos, pode ajudar a facilitar a adoção de novos comportamentos. Por exemplo, se você deseja reduzir o tempo gasto nas redes sociais, pode desativar notificações ou criar um horário específico para verificar suas mensagens, em vez de permitir acessos aleatórios que alimentam distrações.

Outro elemento importante é a prática da autorreflexão regular. Reservar um tempo para revisar seu progresso e avaliar como os novos padrões estão impactando sua vida ajuda a manter o foco e a motivação. Isso pode ser feito por meio de journaling, onde você registra suas experiências, desafios e conquistas, ou mesmo através de conversas com amigos ou terapeutas que possam oferecer perspectiva e encorajamento. A autorreflexão não apenas reforça o compromisso com a mudança, mas também proporciona insights valiosos sobre o que está funcionando e o que pode ser ajustado.

Criar novos padrões também exige que você enfrente e desafie as crenças que sustentam os antigos comportamentos. Muitas vezes, essas crenças estão enraizadas no medo ou na autolimitação. Por exemplo, se você evita expressar suas opiniões em grupos porque acredita que "minhas ideias não são boas o suficiente", trabalhar para substituir essa crença por "minhas ideias têm valor e merecem ser ouvidas" é um passo essencial para adotar um comportamento mais assertivo. Identificar essas crenças e substituí-las por narrativas fortalecedoras é uma parte fundamental do processo de transformação.

Outra ferramenta poderosa na criação de novos padrões é a visualização. Imaginar-se vivendo de acordo com os novos comportamentos que deseja adotar ajuda a reforçar sua confiança e a criar uma conexão emocional com suas intenções. Por exemplo, se você está trabalhando para ser mais confiante em apresentações, visualize-se falando com clareza e entusiasmo, sentindo-se seguro de si mesmo. Essa prática mental ajuda a preparar sua mente e corpo para agir de maneira consistente com os novos padrões que você está criando.

Apoio externo também pode ser uma força transformadora nesse processo. Compartilhar seus objetivos com pessoas de confiança, como amigos, familiares ou colegas, pode oferecer um senso de responsabilidade e encorajamento. Além disso, participar de grupos ou comunidades que compartilhem valores e metas semelhantes pode fornecer inspiração e suporte contínuo. O apoio externo não apenas reforça sua motivação, mas também cria um senso de conexão que facilita a mudança.

À medida que você trabalha para criar novos padrões, é importante celebrar suas conquistas, por menores que sejam. Reconhecer seu progresso, mesmo que pareça modesto, ajuda a reforçar sua motivação e a construir confiança em sua capacidade de mudança. Essas celebrações não precisam ser grandiosas; podem incluir momentos simples de reflexão, gratidão ou recompensas simbólicas que o lembrem do valor de seu esforço.

Criar novos padrões é um ato de autocompaixão e autocuidado. É um reconhecimento de que você tem o poder de moldar sua vida de acordo com seus valores, sonhos e aspirações. Embora o processo possa ser desafiador, ele também é profundamente recompensador, pois cada passo em direção à mudança fortalece sua conexão consigo mesmo e sua capacidade de viver com autenticidade e intenção.

Ao criar novos padrões, você não apenas transforma sua relação com a ansiedade, mas também constrói uma base para uma vida mais equilibrada e significativa. Esse processo exige compromisso, prática e resiliência, mas os resultados são profundamente libertadores. Cada escolha que você faz em direção à mudança é um ato de coragem e amor-próprio, um passo em direção à vida que você merece viver.

Capítulo 36
Redefinindo Sua Identidade

Redefinir a própria identidade é uma jornada profunda de autodescoberta e transformação. Muitas vezes, nossas noções sobre quem somos são moldadas por experiências passadas, expectativas externas e crenças que internalizamos ao longo da vida. Esses elementos podem ser úteis em certos momentos, mas, à medida que crescemos e enfrentamos novos desafios, podem também nos limitar, mantendo-nos presos a narrativas que já não refletem nosso verdadeiro eu. Quando essas crenças estão associadas à ansiedade, redefinir a identidade torna-se essencial para recuperar o controle sobre nossas vidas e encontrar um senso de paz e autenticidade.

O primeiro passo para redefinir sua identidade é reconhecer as histórias que você conta a si mesmo sobre quem você é. Essas histórias muitas vezes vêm de mensagens que recebemos de outras pessoas, como familiares, professores ou colegas, e que moldam nossa percepção de nós mesmos. Por exemplo, alguém que cresceu ouvindo que é "tímido" pode carregar essa descrição como parte central de sua identidade, mesmo que, na realidade, tenha momentos em que se sente confortável e confiante em interações sociais. Questionar essas narrativas é essencial para identificar o que é realmente verdadeiro para você e o que foi imposto por fatores externos.

As experiências negativas também desempenham um papel significativo na forma como vemos a nós mesmos. Eventos que nos marcaram profundamente, como rejeições, fracassos ou perdas, podem gerar crenças limitantes sobre nosso valor ou capacidade. Por exemplo, uma pessoa que enfrentou dificuldades acadêmicas no passado pode se definir como "não inteligente" ou "incapaz", mesmo que tenha alcançado conquistas em outras áreas da vida. Essas percepções são poderosas porque moldam não apenas como nos vemos, mas também como nos comportamos e enfrentamos novos desafios. Redefinir sua identidade significa reconhecer que essas experiências fazem parte de sua história, mas não precisam definir quem você é hoje ou quem pode se tornar.

Redefinir sua identidade também envolve conectar-se com seus valores centrais. Valores são os princípios que orientam nossas escolhas e comportamentos, refletindo o que é mais importante para nós. Muitas vezes, quando estamos presos a uma identidade que não nos serve mais, também estamos desconectados de nossos valores. Isso cria um desalinhamento interno que alimenta a ansiedade e a insatisfação. Para começar esse processo, pergunte-se: "O que realmente importa para mim? O que eu valorizo acima de tudo?" Identificar esses valores ajuda a criar um alicerce para a nova identidade que você deseja construir.

Uma parte importante dessa jornada é aceitar que a identidade é fluida. Quem você foi no passado não precisa ser quem você é hoje, e quem você é hoje não precisa ser quem você será no futuro. Essa perspectiva permite que você se liberte das limitações impostas por rótulos ou expectativas antigas e abrace a possibilidade de mudança. Por exemplo, alguém que sempre se considerou "perfeccionista" pode decidir que prefere cultivar uma abordagem mais flexível e compassiva consigo mesmo, reconhecendo que o esforço excessivo para atingir a perfeição muitas vezes leva à ansiedade e ao esgotamento.

Durante esse processo, é normal sentir resistência ou desconforto. Mudar a forma como nos vemos pode ser assustador porque desafia o familiar, mesmo que o familiar não seja mais benéfico. Essas emoções são parte do crescimento e não devem ser evitadas, mas sim exploradas com curiosidade e compaixão. Pergunte-se: "O que me assusta nessa mudança? Quais benefícios posso ganhar ao redefinir minha identidade?" Refletir sobre essas perguntas ajuda a enfrentar o desconforto com mais confiança e clareza.

Outro aspecto essencial é reconhecer os padrões e comportamentos que reforçam a identidade antiga. Muitas vezes, esses padrões são hábitos automáticos que não questionamos. Por exemplo, uma pessoa que se vê como "sempre ansiosa" pode evitar situações novas porque acredita que não conseguirá lidar com elas. Ao identificar esses comportamentos, você pode começar a substituí-los por ações que estejam alinhadas com sua nova identidade. Se sua intenção é ser mais confiante, pode começar assumindo pequenos riscos que desafiem suas crenças limitantes, como iniciar uma conversa ou aceitar um convite para algo novo.

A prática de afirmações positivas é uma ferramenta poderosa nesse processo. Criar declarações que refletem a identidade que você deseja cultivar, como "Sou capaz de lidar com desafios com calma e clareza" ou "Eu mereço sucesso e felicidade", ajuda a reprogramar sua mente para acreditar nessas verdades. Repetir essas afirmações diariamente, seja em voz alta, em silêncio ou por escrito, reforça a nova narrativa que você está construindo sobre si mesmo.

Além disso, buscar apoio em sua rede social pode fazer uma grande diferença. Compartilhar sua jornada de redefinição de identidade com amigos, familiares ou até mesmo um terapeuta oferece um espaço para validar suas experiências e receber encorajamento. Muitas vezes, aqueles que se importam com você podem oferecer perspectivas valiosas sobre suas qualidades e potencial, ajudando a fortalecer sua nova visão de si mesmo.

Um componente crucial da redefinição de identidade é cultivar a autocompaixão. A mudança pode ser desafiadora, e é fácil cair em padrões de autocrítica quando as coisas não saem como planejado. Praticar a autocompaixão significa tratar-se com a mesma gentileza e compreensão que você ofereceria a um amigo em um momento difícil. Lembre-se de que redefinir sua identidade é um processo, e não um evento único. Haverá altos e baixos, e isso faz parte da jornada.

Durante esse processo, também é útil explorar o que inspira você. Quais pessoas, histórias ou experiências o motivam a ser a melhor versão de si mesmo? Conectar-se com essas fontes de inspiração ajuda a manter o foco em sua transformação e a cultivar uma visão clara do tipo de pessoa que você deseja ser. Isso pode incluir ler livros, assistir a palestras ou simplesmente passar tempo com pessoas que você admira e que exemplificam as qualidades que você deseja desenvolver.

À medida que você redefine sua identidade, também é importante praticar a gratidão por quem você já é. Reconhecer suas forças, conquistas e qualidades únicas cria uma base sólida para a mudança, lembrando-o de que você já possui muitas das ferramentas e recursos necessários para crescer. Essa gratidão ajuda a equilibrar o desejo de mudança com a aceitação de si mesmo, promovendo um senso de equilíbrio e bem-estar.

Redefinir sua identidade é um ato de coragem e autodescoberta. É uma oportunidade de abandonar as histórias que o limitam e abraçar a verdade de quem você é e pode se tornar. Embora o processo possa ser desafiador, ele também é profundamente recompensador, permitindo que você viva com mais autenticidade, propósito e paz interior. À medida que você se reconecta com seus valores, enfrenta suas crenças limitantes e cultiva novos padrões, descobre que a liberdade de ser quem realmente é está ao seu alcance. Essa jornada não é apenas sobre mudar, mas sobre crescer e florescer em todas as áreas da sua vida.

Capítulo 37
Cultivando Resiliência

A resiliência é uma das qualidades mais importantes que podemos desenvolver ao longo da vida. Ela é a capacidade de enfrentar desafios, superar adversidades e adaptar-se às mudanças de forma positiva. Cultivar a resiliência não significa evitar ou negar as dificuldades, mas aprender a enfrentá-las com coragem, flexibilidade e determinação. Para aqueles que lidam com ansiedade, a resiliência é especialmente valiosa, pois oferece ferramentas emocionais e mentais para navegar por momentos de incerteza e desconforto. Essa habilidade não é inata; ela pode ser construída e fortalecida ao longo do tempo, com intenção e prática.

O ponto de partida para cultivar a resiliência é reconhecer que as adversidades fazem parte da experiência humana. Muitas vezes, tendemos a nos comparar com os outros, imaginando que eles vivem vidas mais fáceis ou sem problemas. Essa comparação cria uma ilusão de isolamento, como se nossas lutas fossem únicas ou incompreensíveis. No entanto, ao aceitar que todos enfrentam desafios, criamos espaço para encarar nossos próprios problemas com mais compaixão e menos julgamento. A resiliência começa com essa aceitação: reconhecer que a dificuldade não é um sinal de fraqueza, mas uma oportunidade de crescimento.

Outro componente essencial da resiliência é a capacidade de mudar a perspectiva diante das dificuldades. Quando algo negativo acontece, é comum cair na armadilha de pensamentos catastróficos ou acreditar que a situação é permanente. No entanto, a resiliência nos convida a olhar para esses momentos sob uma nova luz. Em vez de perguntar "Por que isso está acontecendo comigo?", podemos nos perguntar: "O que posso aprender com isso? Como posso crescer a partir dessa experiência?" Essa mudança de perspectiva não elimina a dor ou o desconforto, mas ajuda a colocá-los em um contexto mais amplo, permitindo que você encontre significado e propósito mesmo em momentos difíceis.

A resiliência também envolve a habilidade de manter o foco no que você pode controlar. Quando enfrentamos adversidades, é fácil nos sentirmos sobrecarregados por fatores que estão além de nosso alcance. No entanto, gastar energia tentando mudar o incontrolável apenas aumenta a ansiedade e o desamparo. Focar no que está ao seu alcance — como suas reações, atitudes e decisões — devolve o senso de agência e poder. Por exemplo, se você está lidando com uma situação de trabalho difícil, pode não conseguir mudar as ações de seus colegas ou supervisores, mas pode controlar como se comunica, como organiza suas prioridades e como busca apoio.

Construir uma rede de apoio é outro pilar da resiliência. Ninguém precisa enfrentar as adversidades sozinho, e ter pessoas em quem confiar faz toda a diferença. Amigos, familiares, colegas e até mesmo grupos de apoio oferecem perspectivas valiosas, encorajamento e um senso de pertencimento. Compartilhar suas experiências com outros não apenas alivia o peso emocional, mas também fortalece suas conexões sociais, que são um dos fatores mais importantes para a saúde mental e emocional. A resiliência não é um ato solitário; é uma prática coletiva que se nutre da força das relações humanas.

Desenvolver a autocompaixão é igualmente crucial no processo de cultivar a resiliência. Muitas vezes, somos nossos piores críticos, julgando nossas reações e erros de maneira implacável. No entanto, a autocompaixão nos ensina a tratar a nós mesmos com a mesma gentileza e compreensão que oferecemos a um amigo. Quando enfrentamos um revés ou cometemos um erro, podemos nos lembrar de que isso faz parte da experiência humana e não define nosso valor. Essa abordagem não apenas reduz a autocrítica, mas também cria uma base emocional mais estável para lidar com desafios futuros.

Práticas como mindfulness e meditação também são ferramentas poderosas para fortalecer a resiliência. Ao cultivar a capacidade de estar presente no momento, aprendemos a observar nossos pensamentos e emoções sem sermos dominados por eles. Isso é especialmente útil em momentos de estresse ou ansiedade, quando a mente tende a correr para cenários catastróficos ou a ficar presa em arrependimentos do passado. A prática regular do mindfulness nos ajuda a criar um espaço interno de calma e clareza, permitindo que enfrentemos as adversidades com mais equilíbrio e foco.

A flexibilidade é outra qualidade fundamental da resiliência. Muitas vezes, associamos força à rigidez, mas na verdade, a verdadeira força está na capacidade de se adaptar e se ajustar às circunstâncias. Ser flexível não significa desistir de seus objetivos ou valores, mas sim encontrar novas maneiras de alcançá-los quando o caminho original não está disponível. Essa mentalidade de adaptação permite que você continue avançando, mesmo diante de obstáculos, e que veja as mudanças como oportunidades, em vez de ameaças.

Celebrar pequenas vitórias é uma prática frequentemente negligenciada, mas essencial para construir resiliência. Quando enfrentamos desafios, é fácil focar apenas no que ainda precisa ser resolvido, ignorando o progresso que já fizemos. Reconhecer e valorizar esses pequenos passos cria um senso de realização e motivação, reforçando sua confiança em sua capacidade de enfrentar adversidades. Não importa quão pequeno seja o progresso, ele merece ser celebrado como um sinal de sua força e determinação.

A resiliência também se alimenta de propósito. Ter uma visão clara de seus valores e metas oferece um norte durante os momentos difíceis, ajudando a manter o foco no que realmente importa. Quando você sabe por que está enfrentando um desafio ou o que espera alcançar, é mais fácil encontrar a motivação para continuar, mesmo quando as coisas ficam difíceis. O propósito não precisa ser grandioso; pode ser algo tão simples quanto cuidar de si mesmo, apoiar sua família ou contribuir para sua comunidade. O importante é que ele ressoe profundamente com você.

É fundamental reconhecer que a resiliência não significa ausência de dor ou sofrimento. Mesmo as pessoas mais resilientes sentem medo, tristeza e dúvida. A diferença é que elas não permitem que essas emoções as impeçam de agir ou de buscar soluções. Em vez disso, usam essas emoções como sinais de que algo precisa de atenção e cuidado. Essa abordagem equilibrada permite que você enfrente as adversidades sem negar suas emoções, mas também sem ser dominado por elas.

Cultivar a resiliência é um ato de coragem e esperança. É a disposição de continuar avançando, mesmo quando o caminho é difícil, e de acreditar que o esforço vale a pena. Não é algo que você conquista de uma vez por todas, mas uma habilidade que se desenvolve e se fortalece ao longo do tempo. Cada desafio que você enfrenta e supera contribui para sua resiliência, tornando-o mais preparado para lidar com os desafios futuros e para aproveitar plenamente os momentos de alegria e realização.

A resiliência é uma expressão de sua força interior, de sua capacidade de se adaptar e de sua determinação em viver uma vida significativa e autêntica. Cultivá-la é um presente que você oferece a si mesmo, criando uma base sólida para enfrentar as incertezas da vida com confiança, equilíbrio e coragem. Essa jornada não é linear, mas cada passo que você dá é um testemunho de sua capacidade de crescer, aprender e prosperar, mesmo nas circunstâncias mais desafiadoras.

Capítulo 38
A Importância do Apoio

O apoio emocional é uma das forças mais transformadoras para enfrentar os desafios da vida, especialmente aqueles relacionados à ansiedade. Muitas vezes, as pessoas tendem a internalizar suas lutas, acreditando que precisam resolver tudo sozinhas. Isso pode criar um ciclo de isolamento e autossuficiência que, embora bem-intencionado, acaba intensificando os sentimentos de desconexão e vulnerabilidade. Reconhecer a importância do apoio não é um sinal de fraqueza, mas sim uma demonstração de sabedoria e força, pois envolve a aceitação de que somos todos interdependentes e de que as conexões humanas têm o poder de aliviar o peso de nossas dificuldades.

Buscar apoio começa com o reconhecimento de que enfrentar desafios sozinho não é necessário. Nossos relacionamentos existem para compartilhar momentos de alegria, mas também para nos ajudar a carregar o peso das adversidades. No entanto, a ansiedade pode distorcer essa percepção, fazendo com que sintamos que nossos problemas são um fardo para os outros. Esse medo de ser um peso é frequentemente baseado em uma crença equivocada de que pedir ajuda é inconveniente ou um sinal de incapacidade. Superar essa barreira exige coragem para reconhecer que buscar apoio é um ato de cuidado próprio e, ao mesmo tempo, um convite à conexão genuína.

A construção de uma rede de apoio eficaz não acontece de forma instantânea; ela é cultivada ao longo do tempo. Começa com a identificação das pessoas em sua vida que podem oferecer empatia, escuta ativa e encorajamento. Nem todos têm a capacidade ou a disposição de fornecer esse tipo de apoio, e tudo bem. Encontrar as pessoas certas, aquelas que podem oferecer presença e compreensão sem julgamento, é fundamental. Isso pode incluir amigos, familiares, colegas ou até mesmo grupos de apoio que compartilham experiências semelhantes. A qualidade do apoio importa muito mais do que a quantidade, e um único relacionamento significativo pode ter um impacto profundo.

Para receber apoio, é importante também aprender a pedir ajuda de forma clara e honesta. Muitas vezes, as pessoas ao nosso redor querem ajudar, mas não sabem como ou têm medo de invadir nosso espaço. Ser específico sobre o que você precisa — seja alguém para ouvir, um conselho ou simplesmente companhia — ajuda a criar uma interação mais eficaz e satisfatória. Por exemplo, dizer "Estou me sentindo ansioso, você pode ouvir o que estou passando?" é muito mais produtivo do que esperar que o outro adivinhe suas necessidades. Essa clareza não apenas facilita o apoio, mas também fortalece a confiança mútua no relacionamento.

O apoio emocional não se limita a palavras ou conselhos; ele também pode ser encontrado em atos de cuidado e presença. Um amigo que o acompanha em uma caminhada, um familiar que lhe traz uma refeição em um dia difícil ou até mesmo uma mensagem de texto dizendo "Estou pensando em você" são formas poderosas de demonstrar apoio. Esses gestos, embora simples, têm a capacidade de criar um senso de pertencimento e conforto, lembrando-o de que não está sozinho em sua jornada.

Além das conexões pessoais, o apoio profissional pode ser uma ferramenta inestimável para lidar com a ansiedade. Um terapeuta, conselheiro ou coach pode oferecer perspectivas objetivas, ferramentas práticas e um espaço seguro para explorar suas emoções e desafios. Buscar esse tipo de ajuda não é um sinal de falha, mas sim uma escolha consciente de investir em sua saúde mental e emocional. Profissionais treinados podem ajudá-lo a identificar padrões, abordar questões subjacentes e desenvolver estratégias para enfrentar a ansiedade de maneira eficaz e sustentável.

Outro aspecto importante do apoio é reconhecer que ele é uma via de mão dupla. Assim como você busca suporte em momentos de necessidade, também pode oferecer apoio aos outros, criando uma troca mútua que fortalece os laços emocionais. Ajudar alguém a enfrentar seus próprios desafios não apenas beneficia a outra pessoa, mas também reforça seu senso de propósito e conexão. Essa reciprocidade cria um ciclo positivo, onde todos os envolvidos se sentem valorizados e cuidados.

A prática da gratidão também desempenha um papel na construção e manutenção de redes de apoio. Expressar gratidão às pessoas que o ajudam fortalece essas conexões e incentiva futuras interações de apoio. Isso não precisa ser elaborado; um simples "Obrigado por estar aqui para mim" ou "Sua ajuda significa muito para mim" pode ter um impacto profundo. A gratidão não apenas beneficia os relacionamentos, mas também melhora seu próprio estado emocional, ajudando-o a focar no que é positivo em sua vida, mesmo em meio às dificuldades.

Embora o apoio seja essencial, é importante também estabelecer limites saudáveis em seus relacionamentos. Nem todas as formas de apoio são úteis ou apropriadas, e há momentos em que você pode precisar dizer "não" a certos tipos de ajuda ou buscar distância de interações que não são construtivas. Reconhecer o que é realmente benéfico para você e comunicar isso de forma clara ajuda a garantir que o apoio que você recebe seja verdadeiramente eficaz e respeite suas necessidades e valores.

A construção de uma rede de apoio também pode incluir a busca por comunidades maiores que compartilhem experiências ou interesses comuns. Participar de grupos de apoio, workshops ou atividades comunitárias pode oferecer um senso de pertencimento e compreensão que vai além dos relacionamentos individuais. Esses espaços criam oportunidades para aprender com os outros, compartilhar suas próprias experiências e encontrar inspiração em histórias de superação. A sensação de fazer parte de algo maior pode ser profundamente curativa, especialmente quando a ansiedade tende a criar uma sensação de isolamento.

Um componente essencial do apoio é a validação emocional. Saber que suas emoções são ouvidas e compreendidas por alguém ajuda a normalizar sua experiência e a reduzir o peso do sofrimento. A validação não significa necessariamente resolver ou corrigir a situação, mas simplesmente estar presente e reconhecer o que você está sentindo. Ouvir frases como "Eu entendo como isso pode ser difícil para você" ou "Estou aqui para o que precisar" pode ter um impacto poderoso em seu estado emocional.

É importante lembrar que o apoio não é algo que você busca apenas em momentos de crise. Cultivar e manter essas conexões ao longo do tempo cria uma base sólida que o prepara para enfrentar adversidades futuras com mais confiança e resiliência. O apoio é uma parte contínua de sua vida, não apenas um recurso temporário. Reconhecer isso permite que você construa relacionamentos mais profundos e significativos, que enriqueçam sua vida em todos os momentos, não apenas nos mais difíceis.

Buscar e oferecer apoio é um ato de vulnerabilidade e força. Ele nos lembra de que não estamos sozinhos em nossas lutas e de que as conexões humanas têm o poder de transformar até os momentos mais desafiadores. Ao aceitar e valorizar o apoio, você não apenas fortalece sua capacidade de lidar com a ansiedade, mas também constrói uma vida rica em significado, conexão e amor. Essa jornada não é apenas sobre aliviar o peso da ansiedade, mas também sobre celebrar o poder da comunidade e das relações humanas na criação de uma existência mais equilibrada e gratificante.

Capítulo 39
Celebrando Suas Conquistas

Celebrar suas conquistas é um passo essencial no processo de cura emocional e crescimento pessoal. Muitas vezes, nos concentramos tanto em nossos desafios, erros e ansiedades que negligenciamos os momentos em que superamos dificuldades, tomamos decisões corajosas ou simplesmente continuamos avançando diante de obstáculos. A prática de reconhecer e valorizar suas vitórias, grandes ou pequenas, é um ato de autovalidação que reforça sua resiliência, autoestima e motivação para continuar crescendo. Essa celebração não é apenas um evento; é uma mentalidade que o ajuda a se conectar com suas forças e a reconhecer o progresso contínuo em sua jornada.

A ansiedade frequentemente nos prende em um ciclo de autocrítica, onde as conquistas são minimizadas ou ignoradas. A mentalidade de "não é suficiente" é comum entre aqueles que enfrentam altos níveis de autocrítica ou perfeccionismo. Por exemplo, alcançar uma meta pode ser imediatamente seguido por pensamentos como "Deveria ter feito melhor" ou "Ainda não estou onde quero estar". Essa atitude rouba o momento de apreciação e impede que você reconheça o esforço e a dedicação investidos. Celebrar suas conquistas, por outro lado, interrompe esse ciclo, criando um espaço para validar sua jornada e reforçar sua confiança.

Reconhecer suas conquistas exige uma mudança de perspectiva, onde você aprende a valorizar o progresso em vez de buscar constantemente a perfeição. Muitas vezes, a ansiedade surge de metas inalcançáveis ou expectativas irreais que nos colocamos. Ao mudar o foco para apreciar cada passo dado, você começa a perceber que o crescimento está nos pequenos avanços, e não apenas nos grandes marcos. Por exemplo, superar um dia particularmente difícil, enfrentar um medo ou simplesmente escolher descansar em vez de se sobrecarregar são conquistas dignas de reconhecimento. Cada uma dessas ações reflete seu compromisso com o autocuidado e sua capacidade de enfrentar a vida com coragem e determinação.

Celebrar suas conquistas também envolve praticar a gratidão por si mesmo. A gratidão não se limita a reconhecer o que os outros fazem por você; ela também é uma forma de honrar suas próprias escolhas, esforços e resiliência. Reservar um momento para agradecer a si mesmo por sua dedicação, paciência e força é um gesto poderoso de autocuidado. Essa prática ajuda a criar um senso de valor próprio, lembrando-o de que você merece reconhecer suas realizações e se orgulhar de seu progresso.

A celebração pode assumir muitas formas e deve ser personalizada de acordo com o que ressoa com você. Para alguns, pode ser um momento de reflexão silenciosa, onde você reconhece internamente suas conquistas. Para outros, pode envolver compartilhar sua alegria com amigos e familiares, permitindo que eles celebrem com você. Pequenas recompensas simbólicas, como tirar um tempo para algo que você gosta ou registrar suas realizações em um diário, também podem ser formas significativas de marcar suas vitórias. O importante é que a celebração seja intencional e autenticamente alinhada com o que faz você se sentir valorizado.

Ao longo da vida, muitas de nossas conquistas podem passar despercebidas porque não atendem às expectativas sociais ou culturais de sucesso. No entanto, é crucial lembrar que você define o que é significativo para você. Talvez uma vitória pessoal, como falar sobre seus sentimentos em uma situação difícil ou estabelecer um limite saudável em um relacionamento, não seja visível para os outros, mas ainda assim merece ser celebrada. Esses momentos de crescimento interno são muitas vezes os mais impactantes, pois refletem mudanças profundas que afetam como você se relaciona consigo mesmo e com o mundo.

Celebrar suas conquistas também é uma maneira de quebrar padrões de negatividade. A mente, especialmente em estados de ansiedade, tende a focar no que está errado ou no que falta. Ao criar o hábito de reconhecer suas vitórias, você treina sua mente para procurar o positivo, equilibrando a perspectiva e reduzindo o peso das preocupações. Isso não significa ignorar os desafios ou dificuldades, mas sim dar igual atenção às coisas que estão funcionando bem e às suas capacidades de superação.

Esse processo também fortalece sua conexão com sua própria história. Cada conquista, por menor que pareça, é uma parte de sua jornada e merece um lugar em sua narrativa pessoal. Ao olhar para trás e lembrar os momentos em que você superou desafios, você reforça a crença de que é capaz de enfrentar o que está por vir. Isso cria um ciclo positivo, onde suas realizações passadas alimentam sua confiança futura, permitindo que você enfrente a vida com mais coragem e otimismo.

Celebrar suas conquistas não precisa ser um evento isolado; pode se tornar uma prática diária. Reservar alguns minutos no final de cada dia para refletir sobre o que deu certo, o que você aprendeu ou como você cresceu pode ter um impacto transformador. Mesmo em dias difíceis, sempre há algo a ser reconhecido, seja o fato de ter persistido apesar das dificuldades ou de ter encontrado um momento de calma em meio ao caos. Esse hábito diário ajuda a criar uma mentalidade de apreciação e resiliência, tornando mais fácil lidar com desafios futuros.

A celebração também é um convite à presença. Muitas vezes, estamos tão focados no que vem a seguir que não paramos para apreciar onde estamos agora. Reconhecer suas conquistas é uma forma de se ancorar no momento presente, celebrando o que já foi realizado antes de passar para o próximo objetivo. Isso não apenas reduz a sensação de pressa constante, mas também permite que você desfrute plenamente do progresso que está fazendo.

Celebrar suas conquistas é um ato de respeito e amor por si mesmo. É um lembrete de que você é digno de reconhecimento, não apenas por atingir metas ou cumprir expectativas, mas por simplesmente ser quem você é e continuar avançando, mesmo diante das adversidades. Esse ato de celebração não é apenas sobre o passado, mas também sobre o futuro, pois fortalece sua confiança em sua capacidade de continuar crescendo e prosperando.

Reconhecer e celebrar suas conquistas é uma prática que reforça sua força interior, alimenta sua autoestima e ilumina sua jornada de cura e crescimento. Cada momento de celebração é uma oportunidade de se conectar com sua essência, honrar sua história e se preparar para as possibilidades que estão por vir. É uma prática de autocuidado que lembra que, independentemente dos desafios, você merece reconhecer seu progresso e se orgulhar de quem está se tornando.

Capítulo 40
Integração das Lições

Integrar as lições aprendidas em sua jornada de compreensão e manejo das emoções é um processo contínuo e profundo. A integração não é apenas sobre acumular conhecimento, mas sobre aplicá-lo de maneira prática e transformadora em sua vida diária. Cada insight, cada momento de crescimento e cada pequena vitória ao longo do caminho contribuem para uma mudança genuína na forma como você se relaciona consigo mesmo, com os outros e com os desafios da vida. A ansiedade, que antes parecia uma força opressora, começa a se transformar em um lembrete de que a cura e o equilíbrio são possíveis, desde que você esteja disposto a trabalhar e a abraçar as mudanças necessárias.

Para integrar as lições, o primeiro passo é criar espaço para a reflexão. A jornada de autoconhecimento e cura é repleta de momentos significativos que muitas vezes podem passar despercebidos em meio à pressa da vida cotidiana. Reservar um tempo para olhar para trás e reconhecer o que você aprendeu e como cresceu é fundamental. Isso pode incluir revisitar momentos em que enfrentou desafios emocionais e considerar como as ferramentas que desenvolveu o ajudaram a superá-los. A reflexão não é apenas um ato de validação, mas também um meio de reforçar o aprendizado e se preparar para aplicá-lo novamente no futuro.

A integração também exige consistência. Muitas vezes, as lições aprendidas durante momentos de crise ou transformação podem ser temporariamente colocadas de lado quando a vida retorna a um ritmo mais calmo. No entanto, as práticas que você adotou durante períodos difíceis têm um valor duradouro e devem se tornar parte integrante de sua rotina diária. Por exemplo, se técnicas de respiração ou meditação foram úteis para aliviar a ansiedade, incorporá-las regularmente em seu dia-a-dia, mesmo quando não estiver em crise, ajuda a consolidar o hábito e a garantir que estejam acessíveis quando você mais precisar delas.

Outro aspecto essencial da integração é adaptar o aprendizado às suas circunstâncias em constante mudança. À medida que você cresce e enfrenta novas situações, as lições que aprendeu podem precisar ser ajustadas para se alinhar às novas realidades. Isso requer flexibilidade e disposição para revisitar suas ferramentas e estratégias, fazendo as adaptações necessárias para que continuem eficazes. Por exemplo, os métodos que funcionaram bem para gerenciar o estresse no trabalho podem precisar ser modificados para se adequar a desafios familiares ou pessoais.

A prática da autorreflexão contínua também desempenha um papel importante na integração das lições. Tornar-se mais consciente de seus pensamentos, emoções e comportamentos ajuda a identificar padrões que ainda podem estar atrapalhando seu progresso ou áreas onde mais trabalho é necessário. Essa consciência contínua mantém você conectado ao processo de crescimento e evita que velhos hábitos ou crenças limitantes retornem sem serem questionados. A integração é, portanto, tanto um compromisso com a mudança quanto uma vigilância ativa sobre o que pode ameaçar essa transformação.

Relacionamentos desempenham um papel significativo na integração das lições aprendidas. Ao se conectar com outras pessoas e compartilhar suas experiências, você não apenas solidifica seu próprio aprendizado, mas também inspira os outros a embarcarem em suas próprias jornadas de crescimento. A troca de ideias, apoio mútuo e celebração das conquistas cria um senso de comunidade e pertencimento, que é fundamental para sustentar mudanças positivas. Além disso, o feedback de pessoas de confiança pode oferecer novas perspectivas sobre como você está aplicando as lições e onde pode haver espaço para melhorias.

A integração das lições também está intimamente ligada à ideia de autenticidade. Ao adotar e aplicar o que você aprendeu, você se torna mais alinhado com quem realmente é, em vez de ser moldado por expectativas externas ou crenças limitantes. Esse alinhamento não apenas reduz a ansiedade, mas também cria um senso de propósito e satisfação que permeia todas as áreas da sua vida. Viver de forma autêntica significa abraçar tanto suas forças quanto suas vulnerabilidades, reconhecendo que ambas fazem parte de sua humanidade e contribuem para sua singularidade.

É importante também aceitar que a integração não é um processo linear. Haverá momentos em que você se sentirá plenamente conectado às suas lições e outros em que poderá enfrentar retrocessos ou dúvidas. Esses momentos de desafio não devem ser vistos como falhas, mas como oportunidades para reforçar seu compromisso com o crescimento. A jornada de integração é contínua e evolutiva, e cada experiência, positiva ou negativa, contribui para sua capacidade de viver de maneira mais consciente e equilibrada.

Uma abordagem prática para integrar as lições é criar lembretes visuais ou simbólicos que mantenham você conectado ao que aprendeu. Isso pode incluir manter um diário onde você registre suas reflexões e realizações, usar objetos ou imagens que representem seus valores e metas, ou até mesmo criar afirmações que reforcem sua intenção de viver de acordo com as lições que aprendeu. Esses lembretes servem como âncoras que o ajudam a permanecer no caminho, mesmo quando a vida fica agitada ou desafiadora.

Além disso, reconhecer o impacto de suas ações no presente e no futuro é uma parte essencial da integração. Cada escolha que você faz com base no que aprendeu não apenas afeta sua experiência imediata, mas também cria um efeito cumulativo que molda sua vida como um todo. Por exemplo, adotar hábitos saudáveis, praticar a gratidão e estabelecer limites saudáveis em seus relacionamentos são atos que, com o tempo, criam uma base sólida para o bem-estar emocional e físico. A integração, portanto, não é apenas um esforço individual, mas um investimento no futuro que você deseja construir.

A integração das lições aprendidas é uma celebração contínua de quem você está se tornando. É um reconhecimento de que a transformação é possível, mesmo diante de desafios significativos, e de que cada pequeno passo em direção ao crescimento merece ser honrado. À medida que você aplica o que aprendeu e vive com mais intenção e autenticidade, começa a perceber que a jornada não é apenas sobre superar a ansiedade ou os desafios emocionais, mas também sobre descobrir e abraçar a riqueza de sua experiência humana.

Integrar as lições é um ato de amor-próprio e coragem. É a decisão de viver de maneira consciente, de honrar sua jornada e de permitir que o aprendizado se transforme em ação. Ao fazer isso, você não apenas melhora sua própria vida, mas também inspira e capacita aqueles ao seu redor a fazerem o mesmo. A integração é o ponto em que o crescimento se torna sustentável, onde as lições deixam de ser conceitos abstratos e passam a ser parte intrínseca de quem você é e como você vive. É o momento em que o aprendizado se transforma em sabedoria, guiando você em direção a uma vida mais plena, significativa e equilibrada.

Capítulo 41
Deixando um Legado

Deixar um legado emocional é mais do que criar algo tangível ou ser lembrado por grandes feitos. Trata-se de impactar a vida daqueles ao seu redor de maneira significativa, transformando as experiências que você acumulou em aprendizados que podem ser compartilhados. Quando você escolhe deixar um legado, está reconhecendo que sua jornada emocional não termina em você. Suas vitórias, lições e até mesmo suas dores têm o potencial de inspirar, apoiar e capacitar outros. Essa transmissão não precisa ser grandiosa; muitas vezes, as ações mais simples têm os impactos mais profundos.

Deixar um legado começa com a aceitação de que a transformação que você busca para si mesmo tem valor além de suas experiências individuais. Cada momento de superação e crescimento é um exemplo de resiliência e força que pode servir de modelo para aqueles que enfrentam desafios semelhantes. Não significa carregar o peso de curar ou mudar a vida de outras pessoas, mas sim reconhecer que suas ações e atitudes têm o poder de plantar sementes de mudança em outros. Isso pode acontecer em interações cotidianas, como oferecer uma palavra de encorajamento, compartilhar uma história pessoal ou simplesmente estar presente para alguém em um momento de dificuldade.

Ao longo de sua jornada, você desenvolveu ferramentas e insights valiosos que podem ser compartilhados com outras pessoas. Esse legado pode tomar a forma de orientações diretas, como ensinar práticas de meditação ou respiração que ajudaram a aliviar sua ansiedade, ou de formas mais sutis, como demonstrar paciência, empatia e compreensão em seus relacionamentos. Não se trata de impor suas experiências ou métodos a outros, mas de oferecer sua história como um exemplo de que a mudança é possível. Isso cria uma conexão genuína, permitindo que os outros se sintam compreendidos e menos sozinhos em suas próprias lutas.

Deixar um legado também é sobre criar impacto por meio de ações consistentes. Pequenos gestos, quando repetidos ao longo do tempo, podem transformar ambientes e relações. Sua escolha de enfrentar a vida com mais equilíbrio e autenticidade pode inspirar aqueles ao seu redor a buscar o mesmo. Por exemplo, ao estabelecer limites saudáveis e priorizar o autocuidado, você mostra aos outros que é possível cuidar de si mesmo sem negligenciar suas responsabilidades ou relacionamentos. Essas ações modelam comportamentos positivos que podem influenciar de maneira duradoura.

Reconhecer a importância de sua própria história também é fundamental para construir um legado significativo. Muitas vezes, subestimamos o valor das lições que aprendemos ao longo da vida, acreditando que são comuns ou irrelevantes para os outros. No entanto, cada pessoa tem uma perspectiva única, e suas experiências têm o potencial de ressoar profundamente com aqueles que enfrentam desafios semelhantes. Compartilhar sua história não significa buscar reconhecimento, mas sim oferecer um exemplo de que a transformação é possível. Esse ato de vulnerabilidade não apenas beneficia os outros, mas também reforça sua própria compreensão e aceitação de sua jornada.

Deixar um legado também envolve ser um modelo de coerência entre palavras e ações. Muitas vezes, as pessoas se inspiram não apenas no que dizemos, mas em como vivemos. Sua capacidade de aplicar as lições que aprendeu em sua própria vida cria um impacto maior do que qualquer conselho que você possa oferecer. Demonstrar que você enfrenta os desafios com coragem, que valoriza a conexão humana e que prioriza seu crescimento pessoal é uma maneira poderosa de inspirar os outros. Não se trata de perfeição, mas de autenticidade — mostrar que, mesmo em meio às imperfeições, você está comprometido em viver de acordo com seus valores.

Além disso, deixar um legado emocional pode envolver criar algo que transcenda você. Isso pode incluir projetos ou iniciativas que promovam bem-estar, apoio emocional ou desenvolvimento pessoal. Talvez você queira organizar um grupo de apoio, escrever sobre sua jornada ou contribuir para causas que ressoem com seus valores. Essas ações ampliam o alcance de seu impacto, permitindo que suas experiências e lições toquem vidas que você talvez nunca encontre diretamente.

Um aspecto importante de construir um legado emocional é a capacidade de perdoar e reconciliar. À medida que você trabalha para se libertar de ressentimentos ou mágoas do passado, cria um exemplo para os outros de como a cura é possível. Isso não significa ignorar as feridas que você experimentou, mas sim mostrar que é possível superar a dor e encontrar paz. Sua disposição para perdoar pode inspirar outros a fazerem o mesmo, promovendo relações mais saudáveis e autênticas.

Deixar um legado também é um ato de coragem, pois exige que você enfrente suas próprias vulnerabilidades e aceite que suas ações podem não ser sempre reconhecidas ou valorizadas. No entanto, o impacto real de seu legado não está na validação externa, mas na transformação que ele promove nos outros. Às vezes, as maiores mudanças ocorrem em silêncio, quando alguém é inspirado por sua história ou atitude sem que você sequer saiba. Confiar que suas ações têm valor, mesmo sem reconhecimento imediato, é um aspecto essencial dessa jornada.

Construir um legado emocional também é um processo contínuo que se adapta ao longo do tempo. À medida que você cresce e aprende, novas oportunidades para impactar os outros surgem, e sua abordagem pode evoluir. Não há um ponto final para esse processo; ele se torna parte de quem você é e de como você escolhe viver. Essa continuidade garante que seu legado permaneça relevante e significativo, independentemente das mudanças nas circunstâncias ou nos contextos.

Deixar um legado é uma expressão de esperança. É um reconhecimento de que, mesmo em meio a desafios e dificuldades, existe a possibilidade de criar algo bonito e significativo. É uma forma de afirmar que nossas experiências, mesmo as mais dolorosas, têm valor e podem ser transformadas em algo que beneficie a nós mesmos e aos outros. Essa esperança é o que dá sentido à jornada e nos conecta a algo maior do que nós mesmos.

Deixar um legado emocional não é um ato grandioso ou distante. É um reflexo das escolhas que você faz todos os dias, das conexões que cultiva e das lições que compartilha. É sobre viver de maneira autêntica e intencional, permitindo que suas experiências inspirem e capacitem aqueles ao seu redor. Ao fazer isso, você não apenas transforma sua própria vida, mas também contribui para um mundo mais compassivo, conectado e resiliente.

Capítulo 42
Um Caso de Ansiedade

A análise de um caso real permite compreender, de maneira prática, como os conceitos e ferramentas discutidos podem ser aplicados para lidar com a ansiedade. O caso de Ana, uma jovem de 28 anos, ilustra como a constelação familiar e outros métodos de autoconhecimento ajudaram-na a identificar e lidar com as raízes profundas de sua ansiedade. Ana era uma mulher que, à primeira vista, parecia ter tudo sob controle. Trabalhava em um ambiente corporativo desafiador, tinha uma rede de amigos, era dedicada à família e estava constantemente se esforçando para alcançar suas metas. No entanto, por trás dessa fachada de sucesso, Ana sentia-se sufocada por uma ansiedade constante que parecia surgir sem motivo aparente.

O dia a dia de Ana era marcado por pensamentos incessantes e sentimentos de inadequação. Apesar de receber elogios no trabalho, ela tinha dificuldade em aceitar seu valor, frequentemente questionando suas habilidades e acreditando que não era boa o suficiente. Em reuniões, sentia o coração disparar ao pensar que poderia ser questionada sobre algo que não soubesse responder. Além disso, as noites eram dominadas pela insônia, enquanto sua mente repetia as mesmas preocupações sobre o que poderia dar errado no futuro. Para tentar lidar com esses sentimentos, Ana dedicava-se ainda mais ao trabalho, acreditando que, ao alcançar o sucesso, finalmente se sentiria em paz. No entanto, a ansiedade apenas se intensificava, criando um ciclo exaustivo de esforço e insatisfação.

Ana decidiu buscar ajuda quando começou a perceber que sua ansiedade estava afetando não apenas sua saúde, mas também seus relacionamentos. Ela se sentia irritada e impaciente com os amigos e familiares, frequentemente evitando encontros sociais porque acreditava que não teria energia para participar. Foi durante uma conversa com uma amiga que ela ouviu falar sobre constelação familiar, uma abordagem que poderia ajudá-la a explorar as origens ocultas de sua ansiedade. Apesar de não entender completamente como funcionava, Ana sentiu-se atraída pela ideia de mergulhar mais profundamente em sua história e decidiu dar uma chance.

Na primeira sessão de constelação familiar, Ana compartilhou brevemente sua experiência com ansiedade, mencionando sua dificuldade em identificar um gatilho específico para o que sentia. Durante o processo, a facilitadora pediu que Ana refletisse sobre sua família, especialmente sobre eventos significativos que poderiam ter deixado marcas emocionais. Ana mencionou que sua mãe era uma pessoa muito preocupada, frequentemente expressando medo em relação a questões financeiras e segurança. Embora Ana não tivesse vivido diretamente essas dificuldades, lembrou-se de crescer ouvindo histórias sobre os sacrifícios que sua mãe havia feito para sustentar a família após a morte precoce de seu pai.

Enquanto a constelação se desenrolava, Ana começou a perceber como carregava um peso emocional que não era totalmente dela. A facilitadora destacou que, inconscientemente, Ana poderia estar tentando assumir a responsabilidade de aliviar as preocupações da mãe ou honrar os sacrifícios feitos por ela. Esse insight foi poderoso, pois ajudou Ana a reconhecer que parte de sua ansiedade não era resultado de suas escolhas atuais, mas de uma lealdade invisível à dor e às preocupações de sua mãe. Com esse entendimento, Ana sentiu um alívio imediato, como se finalmente tivesse encontrado uma explicação para algo que sempre pareceu inexplicável.

O trabalho de Ana não parou por aí. Identificar a origem da ansiedade foi apenas o primeiro passo. A facilitadora a guiou em um exercício simbólico, no qual Ana visualizou devolver à mãe o peso emocional que carregava. Com gestos simples e palavras significativas, Ana reconheceu o sacrifício de sua mãe, mas afirmou sua intenção de seguir seu próprio caminho sem carregar o medo e a ansiedade que não lhe pertenciam. Esse momento foi profundamente emocional, trazendo lágrimas de alívio e gratidão.

Após a constelação, Ana começou a integrar esses insights em sua vida diária. Em sessões de terapia subsequentes, ela explorou como a ansiedade havia moldado suas escolhas e comportamentos. Ana percebeu que sua tendência de se sobrecarregar no trabalho estava diretamente ligada a um desejo de provar seu valor, uma forma de justificar os sacrifícios que sua mãe havia feito. Com o tempo, ela começou a questionar essa necessidade e a estabelecer limites mais claros em sua rotina. Isso incluiu delegar tarefas, recusar projetos quando necessário e reservar tempo para descansar sem culpa.

Ana também incorporou práticas de atenção plena e respiração consciente em sua rotina. Esses momentos diários de pausa ajudaram-na a interromper os ciclos de pensamentos ansiosos e a cultivar uma sensação de calma. Ela começou a perceber que não precisava resolver todos os problemas de uma vez ou antecipar cada possível resultado. Aprender a estar presente no momento, sem se deixar consumir pelas preocupações do futuro, tornou-se uma prática transformadora em sua jornada.

Outro aspecto importante do progresso de Ana foi a reconexão com seus relacionamentos. Agora que não estava mais tão consumida pela ansiedade, Ana começou a investir tempo e energia em suas amizades e na família. Ela compartilhou com a mãe os insights que havia obtido durante a constelação, não como uma forma de culpar, mas de criar uma compreensão mútua. Essa conversa trouxe um novo nível de conexão entre as duas, permitindo que ambas reconhecessem a força e a resiliência uma da outra.

Ao longo de sua jornada, Ana percebeu que sua ansiedade não era um inimigo, mas um sinal de que algo dentro dela precisava de atenção e cura. Em vez de lutar contra a ansiedade, ela começou a abordá-la com curiosidade e compaixão, perguntando-se o que estava tentando comunicar. Essa mudança de perspectiva a ajudou a desenvolver uma relação mais saudável com suas emoções, reconhecendo-as como parte de sua experiência humana.

O caso de Ana demonstra como a combinação de autoconhecimento, práticas terapêuticas e mudanças no estilo de vida pode transformar a experiência da ansiedade. Não foi um caminho linear ou rápido, mas cada etapa contribuiu para a construção de uma base mais sólida de equilíbrio emocional. Ana ainda enfrenta momentos de ansiedade, mas agora os encara com ferramentas e perspectivas que a ajudam a navegar por eles com mais confiança e calma.

Sua história também ilustra a importância de abordar a ansiedade de maneira holística, considerando não apenas os fatores presentes, mas também as influências históricas e familiares. Esse entendimento mais amplo permite uma cura mais profunda, que vai além de tratar os sintomas e aborda as raízes emocionais e sistêmicas da ansiedade.

Hoje, Ana compartilha sua jornada com outras pessoas, não como uma especialista, mas como alguém que entende o que é viver com ansiedade e encontrar caminhos para a cura. Sua disposição de ser vulnerável e autêntica inspira aqueles ao seu redor a explorar suas próprias histórias e a buscar apoio quando necessário. A experiência de Ana não é apenas um exemplo de superação, mas também um lembrete de que a transformação é possível quando nos permitimos olhar para dentro e enfrentar nossas emoções com coragem e compaixão.

Capítulo 43
Superando a Culpa

A culpa é uma emoção que pode carregar um peso imenso, capaz de moldar nossos pensamentos, comportamentos e até mesmo a maneira como nos relacionamos com o mundo ao nosso redor. Para muitas pessoas, a culpa se manifesta como uma sensação constante de inadequação ou um desejo incessante de reparar erros reais ou imaginários. Esse sentimento, quando não processado adequadamente, pode alimentar a ansiedade e criar ciclos de autocrítica e sofrimento. No entanto, superar a culpa não é apenas possível; é um ato transformador que exige compaixão, autoconhecimento e um compromisso com a liberdade emocional.

O caso de Renata é um exemplo claro de como a culpa pode se enraizar profundamente e influenciar todos os aspectos da vida. Renata, aos 35 anos, sentia-se responsável pelo bem-estar de sua família desde a adolescência. Crescendo em um ambiente de dificuldades financeiras, ela acreditava que era seu dever aliviar a carga de seus pais, mesmo que isso significasse sacrificar seus próprios desejos e necessidades. Anos depois, mesmo após alcançar independência financeira e construir uma vida própria, Renata ainda carregava um peso emocional que não conseguia explicar totalmente. Pequenos erros no trabalho ou nas relações pessoais a deixavam sobrecarregada de culpa, e ela frequentemente se pegava revivendo situações passadas, imaginando o que poderia ter feito de diferente.

Quando Renata buscou terapia, ela descreveu sua culpa como uma sombra constante, que parecia estar presente mesmo nos momentos de alegria. Através do processo terapêutico, ela começou a explorar as origens desse sentimento, descobrindo que ele estava intimamente ligado a eventos de sua infância. Renata se lembrou de momentos em que seus pais discutiam sobre dinheiro e ela sentia que precisava fazer algo para ajudar, mesmo sendo apenas uma criança. A crença de que seu valor estava diretamente relacionado ao que podia fazer pelos outros foi internalizada e continuou a guiá-la por anos.

Uma das primeiras etapas no caminho de Renata para superar a culpa foi reconhecer que suas responsabilidades enquanto criança não eram as mesmas de um adulto. Esse entendimento foi libertador, mas também desafiador, pois exigia que ela confrontasse a ideia de que não poderia ter evitado as dificuldades de sua família, independentemente de seus esforços. A terapia a ajudou a ver que, embora sua vontade de ajudar fosse admirável, a carga que carregava não era inteiramente dela. Esse processo de separação entre o que era responsabilidade dela e o que não era foi fundamental para aliviar a culpa que sentia.

Renata também começou a trabalhar com práticas de autocompaixão. Ela aprendeu a desafiar os pensamentos autocríticos que surgiam sempre que cometia um erro ou não atendia às expectativas que havia internalizado. Por exemplo, ao invés de se criticar por não conseguir atender a todas as demandas no trabalho, ela começou a perguntar a si mesma: "O que eu faria se um amigo estivesse passando por isso? Como eu o trataria?" Esse exercício simples, mas poderoso, ajudou Renata a mudar sua perspectiva, permitindo que ela fosse mais gentil consigo mesma.

Outro passo importante foi aprender a estabelecer limites. A culpa de Renata frequentemente a levava a dizer "sim" a tudo, mesmo quando isso significava sacrificar seu próprio bem-estar. Com o tempo, ela percebeu que sua tendência a assumir mais do que podia não estava ajudando os outros tanto quanto pensava e estava, na verdade, prejudicando sua saúde mental e emocional. Aprender a dizer "não" de maneira firme, mas respeitosa, foi um marco em sua jornada. Ela descobriu que ao cuidar de si mesma, também estava se tornando mais capaz de apoiar os outros de forma genuína e equilibrada.

A jornada de Renata também incluiu o trabalho de liberar culpas passadas. Isso envolveu revisitar situações que ainda pesavam em sua mente, como decisões que havia tomado ou momentos em que sentia que havia falhado com alguém. Em vez de tentar justificar ou apagar esses momentos, ela se concentrou em aceitá-los como parte de sua história. Esse processo foi auxiliado por práticas como escrever cartas para si mesma, onde expressava o que sentia e depois oferecia perdão a si mesma. Essas cartas, embora nunca fossem enviadas, foram uma maneira poderosa de processar suas emoções e encontrar encerramento.

Superar a culpa também exigiu que Renata reformulasse sua maneira de pensar sobre responsabilidade e controle. Ela percebeu que muitas de suas ações estavam motivadas pela crença de que poderia controlar o resultado de todas as situações se apenas se esforçasse o suficiente. Essa mentalidade a mantinha presa em um ciclo de frustração e culpa, especialmente quando os resultados não eram os esperados. Ao trabalhar com sua terapeuta, ela começou a aceitar que algumas coisas estavam além de seu controle e que isso não diminuía seu valor ou esforços. Esse entendimento trouxe um senso de alívio e permitiu que ela se concentrasse no que estava ao seu alcance.

Renata também encontrou força na conexão com outras pessoas que enfrentavam desafios semelhantes. Participar de um grupo de apoio permitiu que ela compartilhasse suas experiências e ouvisse histórias de superação. Saber que não estava sozinha em sua luta contra a culpa a ajudou a reduzir o isolamento que sentia e a reforçar a ideia de que era possível viver com mais leveza. Essas conexões também a inspiraram a continuar trabalhando em sua cura, sabendo que seu progresso poderia, por sua vez, inspirar outros.

A jornada de Renata não foi linear. Houve momentos em que a culpa parecia retornar com força total, especialmente em situações que desencadeavam memórias do passado. No entanto, a diferença estava em como ela agora lidava com esses momentos. Em vez de se deixar consumir pela culpa, Renata passou a vê-la como um sinal de que algo em sua vida precisava de atenção. Isso lhe permitiu abordar a emoção com curiosidade e compaixão, em vez de resistência.

Ao longo do tempo, Renata começou a perceber mudanças significativas em sua vida. Ela se sentia mais à vontade consigo mesma, mais confiante em suas decisões e mais conectada aos outros. O peso da culpa, que antes parecia insuportável, havia se tornado gerenciável. Mais importante, ela havia desenvolvido ferramentas para lidar com a culpa de maneira saudável, garantindo que não voltasse a dominar sua vida.

O caso de Renata é um exemplo poderoso de como a culpa pode ser superada quando abordada com intenção e suporte. Sua jornada mostra que, embora a culpa possa ser uma emoção profundamente enraizada, ela não precisa definir quem somos ou como vivemos. Superá-la é um processo que exige paciência, mas os resultados são transformadores, permitindo uma vida mais equilibrada, autêntica e livre do peso desnecessário.

Capítulo 44
Confrontando a Raiva

Confrontar a raiva é um passo essencial para entender as emoções e criar um caminho de equilíbrio emocional. Muitas vezes, a raiva é vista como uma emoção negativa, algo a ser evitado ou suprimido. No entanto, como qualquer outra emoção, ela possui um propósito: é um sinal de que algo dentro de nós precisa de atenção. Quando ignorada ou mal compreendida, a raiva pode se transformar em ressentimento, amargura ou até mesmo explosões que afetam negativamente nossos relacionamentos e bem-estar. Por outro lado, quando enfrentada de maneira consciente e compassiva, a raiva se torna uma oportunidade de aprendizado e crescimento.

A história de Lucas ilustra como o confronto com a raiva pode levar à transformação. Lucas, um homem de 42 anos, vivia uma vida aparentemente tranquila. Trabalhava em um escritório, era casado e tinha dois filhos. Para quem o via de fora, ele era uma pessoa calma e controlada. No entanto, dentro de casa, Lucas frequentemente perdia a paciência com sua família por questões pequenas, como brinquedos espalhados pela sala ou discussões sobre tarefas domésticas. Essas explosões de raiva eram seguidas por um profundo sentimento de culpa e remorso. Ele sabia que não queria agir dessa forma, mas sentia que não tinha controle sobre suas reações.

Lucas buscou ajuda terapêutica depois de uma discussão com sua esposa que o deixou abalado. Durante a sessão inicial, ele expressou que não entendia de onde vinha tanta raiva. Sua infância havia sido relativamente estável, sem grandes traumas aparentes. No entanto, ao explorar suas experiências mais profundamente, Lucas começou a perceber que havia muitos momentos em que sua raiva havia sido reprimida ao longo dos anos. Ele se lembrou de como, na adolescência, sempre evitava conflitos para não desagradar os outros. Em seu ambiente familiar, expressar raiva era visto como algo inaceitável, então ele aprendeu a mascarar seus sentimentos, mesmo quando se sentia injustiçado ou frustrado.

Esse padrão de repressão continuou na vida adulta. No trabalho, Lucas frequentemente aceitava responsabilidades além de sua capacidade, evitando dizer "não" para não parecer fraco ou incapaz. Ele internalizava o estresse e a frustração, até que esses sentimentos se acumulavam a ponto de explodir em momentos aparentemente insignificantes em casa. A raiva de Lucas não era sobre brinquedos espalhados ou tarefas não feitas, mas sobre anos de emoções não expressas e necessidades não atendidas. Esse insight foi um ponto de virada em sua jornada.

Com o apoio de sua terapeuta, Lucas começou a trabalhar em estratégias para identificar e processar sua raiva antes que ela se acumulasse. Um dos primeiros passos foi aprender a reconhecer os sinais físicos que precediam suas explosões. Ele percebeu que sua raiva frequentemente começava como uma tensão no peito ou um aperto na mandíbula. Esses sinais eram convites para pausar e refletir, em vez de reagir automaticamente. Essa prática simples, mas poderosa, permitiu que Lucas ganhasse mais controle sobre suas respostas emocionais.

Outro aspecto importante do trabalho de Lucas foi aprender a expressar sua raiva de maneira saudável e construtiva. Isso envolveu mudar a forma como ele via a raiva, de algo a ser temido para algo que poderia ser comunicado de forma assertiva. Por exemplo, em vez de reprimir sua frustração no trabalho, ele começou a praticar a assertividade, comunicando claramente seus limites e necessidades aos colegas e supervisores. No início, isso foi desafiador, pois ele temia rejeição ou repercussões negativas. No entanto, ao longo do tempo, Lucas percebeu que sua disposição para se expressar não apenas reduziu seu estresse, mas também melhorou seus relacionamentos profissionais.

Dentro de casa, Lucas começou a implementar uma abordagem mais consciente em suas interações. Quando sentia a raiva surgir, ele se permitia pausar antes de reagir. Durante esses momentos, ele se perguntava o que estava realmente desencadeando aquela emoção. Muitas vezes, percebia que não era sobre o presente, mas sobre sentimentos acumulados de dias ou semanas anteriores. Essa consciência o ajudou a abordar as situações com mais calma e clareza, reduzindo os conflitos e fortalecendo sua conexão com a família.

Uma parte crucial do processo de Lucas foi reconhecer e aceitar que a raiva não era algo "errado" ou "negativo". Ele entendeu que, por anos, sua raiva havia sido uma tentativa de seu corpo e mente de alertá-lo sobre limites ultrapassados ou necessidades ignoradas. Em vez de continuar reprimindo ou temendo essa emoção, ele começou a vê-la como uma aliada. Essa mudança de perspectiva foi libertadora, permitindo que ele se reconciliasse com uma parte de si mesmo que antes considerava inaceitável.

Além do trabalho interno, Lucas também começou a explorar atividades físicas como uma forma de liberar a energia acumulada associada à raiva. Ele encontrou na corrida e no boxe maneiras saudáveis de canalizar sua emoção, ajudando-o a se sentir mais equilibrado e no controle de si mesmo. Essas práticas não apenas proporcionaram alívio imediato, mas também reforçaram seu senso de empoderamento e capacidade de lidar com os desafios.

Com o tempo, Lucas notou mudanças significativas em sua vida. Ele se sentia mais conectado a si mesmo e aos outros, menos propenso a explosões e mais capaz de lidar com situações desafiadoras de forma equilibrada. Sua jornada também teve um impacto positivo em sua família. Sua esposa e filhos perceberam a mudança e começaram a se sentir mais à vontade para compartilhar seus próprios sentimentos e preocupações. A transformação de Lucas criou um ambiente de maior compreensão e respeito em casa, onde todos se sentiam ouvidos e valorizados.

Confrontar a raiva não é um processo fácil ou rápido. Assim como Lucas, muitas pessoas carregam anos de emoções reprimidas ou mal compreendidas que podem levar tempo para serem desvendadas. No entanto, a disposição de olhar para essa emoção com curiosidade, em vez de julgamento, é o primeiro passo para a cura. A raiva, quando abordada de maneira consciente, pode se tornar uma fonte de energia criativa e um catalisador para mudanças positivas.

A história de Lucas mostra que confrontar a raiva não é apenas sobre controlá-la, mas sobre compreendê-la e aprender com ela. É um processo que exige coragem, paciência e, acima de tudo, compaixão por si mesmo. Ao fazer esse trabalho, você não apenas transforma sua relação com a raiva, mas também cria espaço para viver com mais autenticidade, equilíbrio e paz interior. A raiva, quando integrada de forma saudável, deixa de ser um obstáculo e se torna uma aliada no caminho do crescimento emocional.

Capítulo 45
A Tristeza e Suas Raízes

A tristeza é uma das emoções humanas mais profundas e universais, carregando em si camadas de significados que muitas vezes se estendem além do momento presente. Diferente de emoções como raiva ou alegria, a tristeza tende a ser vista como algo a ser evitado ou superado rapidamente, como se não houvesse espaço para ela em uma vida equilibrada. No entanto, a tristeza desempenha um papel crucial na maneira como processamos perdas, ajustamos nossas expectativas e buscamos significado em nossas experiências. Confrontar a tristeza com honestidade e coragem pode revelar raízes ocultas que muitas vezes se estendem para além de nossas próprias vidas, tocando gerações passadas.

O caso de Camila ilustra como a tristeza pode se enraizar em experiências que muitas vezes não reconhecemos conscientemente. Camila, uma mulher de 38 anos, começou a sentir uma tristeza persistente que não conseguia identificar. Sua vida parecia estar em ordem: ela tinha um emprego estável, uma família amorosa e amigos próximos. Ainda assim, sentia um vazio constante, uma melancolia que pairava sobre ela, mesmo nos momentos felizes. Inicialmente, Camila tentou ignorar esses sentimentos, atribuindo-os ao estresse ou ao cansaço. No entanto, à medida que a tristeza persistia, ela percebeu que precisava entender o que estava acontecendo.

Quando Camila iniciou a terapia, ela descreveu sua tristeza como uma presença sutil, mas constante. À medida que explorava suas emoções, começou a se lembrar de momentos de sua infância que poderiam ter contribuído para esse sentimento.

Camila havia crescido em uma família que evitava falar sobre emoções difíceis. Quando perdeu a avó, aos 12 anos, não houve espaço para expressar sua dor. Ela se lembrou de sua mãe dizendo que era importante ser forte e seguir em frente, uma mensagem que Camila internalizou e carregou ao longo de sua vida. Embora tivesse lidado com outras perdas e desafios desde então, ela nunca havia permitido que a tristeza fosse plenamente sentida ou processada.

Ao aprofundar-se em suas sessões de terapia, Camila começou a perceber que sua tristeza não era apenas sobre eventos específicos, mas também sobre padrões emocionais herdados de sua família. Sua mãe, que sempre se apresentava como uma mulher forte e resiliente, raramente demonstrava vulnerabilidade. Camila se deu conta de que havia aprendido a ver a tristeza como um sinal de fraqueza, algo a ser escondido ou superado rapidamente. Essa perspectiva a impedia de se conectar plenamente com suas emoções, resultando em um acúmulo de tristeza não processada ao longo dos anos.

A constelação familiar foi uma ferramenta transformadora no processo de Camila. Durante uma sessão, ela foi convidada a explorar as histórias de sua família e a dinâmica emocional que poderia estar influenciando sua própria experiência. Camila descobriu que sua avó, uma figura silenciosa, mas presente em sua infância, havia sofrido perdas significativas na juventude, incluindo a morte precoce de seus pais. Essas dores, embora raramente mencionadas, pareciam ter permeado a dinâmica familiar, criando um ambiente onde emoções como tristeza eram vividas em silêncio.

O insight de que sua tristeza poderia ser, em parte, uma expressão de lealdade a essas histórias familiares foi revelador para Camila. Ela percebeu que, ao carregar a tristeza de maneira inconsciente, estava honrando a dor não resolvida de sua avó e de outras gerações antes dela. Embora esse reconhecimento trouxesse alívio, também levantou a questão de como poderia honrar essas histórias sem permitir que a tristeza continuasse a dominar sua vida.

Com o apoio de sua terapeuta e das práticas de constelação, Camila começou a trabalhar no processamento de sua tristeza. Um dos primeiros passos foi criar espaço para sentir plenamente suas emoções, algo que antes parecia assustador. Ela aprendeu que a tristeza, quando acolhida em vez de evitada, pode ser profundamente transformadora. Em vez de tentar se distrair ou "resolver" sua tristeza, Camila começou a praticar a presença, permitindo-se estar com suas emoções sem julgá-las.

Essa prática também envolveu explorar o que sua tristeza estava tentando comunicar. Para Camila, a tristeza trouxe à tona um desejo de conexão mais profunda consigo mesma e com sua história. Ela começou a dedicar tempo para refletir sobre sua relação com sua avó e como os valores e experiências dessa figura importante haviam moldado sua própria identidade. Essas reflexões não apenas ajudaram a aliviar sua tristeza, mas também a trouxeram um senso renovado de pertencimento e continuidade.

Além disso, Camila começou a desenvolver práticas que a ajudavam a expressar sua tristeza de maneira saudável. Escrever em um diário tornou-se uma ferramenta valiosa, permitindo-lhe colocar em palavras sentimentos que antes eram difíceis de articular. Ela também encontrou conforto em atividades criativas, como pintura e música, que ofereciam um canal para liberar emoções que não podiam ser expressas apenas verbalmente. Essas práticas ajudaram Camila a perceber que a tristeza não era algo que precisava ser superado, mas sim integrado como parte de sua experiência humana.

A jornada de Camila também envolveu mudanças em seus relacionamentos. Ela começou a compartilhar mais abertamente seus sentimentos com amigos e familiares, desafiando a crença de que precisava enfrentar tudo sozinha. Essas conversas criaram um senso de conexão mais profundo, mostrando a Camila que vulnerabilidade não era um sinal de fraqueza, mas uma ponte para relacionamentos mais autênticos e significativos. Sua mãe, em particular, foi tocada pela disposição de Camila de explorar essas emoções, o que levou a conversas sinceras sobre suas próprias experiências e sobre como as mulheres da família haviam lidado com a tristeza ao longo das gerações.

Com o tempo, Camila começou a perceber uma mudança em como experimentava a tristeza. Ela não desapareceu completamente, mas deixou de ser um peso constante e tornou-se uma emoção que vinha e ia, como qualquer outra. Camila também começou a reconhecer a beleza que a tristeza trazia consigo — um lembrete de sua capacidade de sentir profundamente e de se conectar com os outros. Em vez de evitar a tristeza, ela agora via sua presença como uma oportunidade de reflexão e crescimento.

A história de Camila é um lembrete poderoso de que a tristeza não precisa ser temida ou rejeitada. Quando confrontada com coragem e compaixão, ela pode se transformar em uma fonte de força e sabedoria. A jornada de Camila também destaca a importância de explorar as raízes mais profundas de nossas emoções, incluindo as conexões familiares e culturais que podem influenciá-las. Ao fazer esse trabalho, não apenas aliviamos o peso de nossa própria tristeza, mas também criamos espaço para uma relação mais saudável e equilibrada com todas as nossas emoções.

Confrontar a tristeza é um ato de coragem, pois exige que olhemos para dentro e enfrentemos partes de nós mesmos que podem ser dolorosas. No entanto, essa disposição de estar com nossa tristeza, em vez de fugir dela, é o que nos permite crescer e encontrar um senso mais profundo de paz e significado. A tristeza, quando acolhida, torna-se uma aliada em nossa jornada de autodescoberta e cura, mostrando-nos que mesmo as emoções mais difíceis têm um papel valioso em nossa vida.

Capítulo 46
Lealdades Invisíveis Reveladas

As lealdades invisíveis são fios sutis que nos conectam às gerações anteriores, influenciando nossas escolhas, emoções e até mesmo nossas limitações. Elas são laços emocionais profundos, muitas vezes inconscientes, que carregamos como forma de honrar nossas famílias ou reparar dores que não foram resolvidas. Essas lealdades, embora frequentemente nasçam de intenções nobres, podem se manifestar como bloqueios que nos impedem de viver plenamente. Revelar essas dinâmicas ocultas é um passo fundamental para liberar o peso que carregamos e encontrar um equilíbrio saudável entre respeito ao passado e liberdade para criar um futuro próprio.

O caso de Marina ilustra como essas lealdades podem moldar silenciosamente nossas vidas. Marina, uma mulher de 32 anos, buscou terapia depois de perceber que repetia padrões que a faziam sentir-se estagnada. Apesar de seus esforços para avançar na carreira, estabelecer relacionamentos saudáveis e cuidar de si mesma, ela se via constantemente presa a comportamentos autossabotadores. Ela se dedicava ao extremo no trabalho, apenas para abandonar projetos importantes perto da conclusão. Em relacionamentos, temia rejeição e acabava se afastando antes de dar a chance de algo mais profundo se desenvolver. Havia uma sensação de culpa subjacente, como se não merecesse o sucesso ou a felicidade que buscava.

Marina não entendia por que se sentia assim, já que sua infância havia sido relativamente estável. Ela vinha de uma família unida, mas com uma história marcada por dificuldades financeiras e sacrifícios. Durante as primeiras sessões de terapia,

Marina mencionou que admirava profundamente os avós, que haviam imigrado para o país durante tempos difíceis e trabalhado arduamente para construir uma vida para a família. Embora essas histórias fossem sempre contadas com orgulho, Marina começou a perceber que também carregavam uma carga emocional significativa. Havia uma narrativa familiar de que nada vinha facilmente, e que grandes conquistas exigiam sacrifícios contínuos.

Na constelação familiar, Marina foi convidada a explorar como essas histórias poderiam estar influenciando suas escolhas e emoções. Durante a sessão, ela percebeu que sua autossabotagem no trabalho e seus sentimentos de culpa poderiam estar ligados a um desejo inconsciente de honrar os sacrifícios de seus avós. Marina sentia que, ao permitir-se prosperar sem enfrentar os mesmos desafios que eles haviam enfrentado, estaria, de alguma forma, traindo a memória deles. Isso não era algo que ela articulava conscientemente, mas ao trazer essa dinâmica para a superfície, começou a fazer sentido. Era como se ela carregasse uma lealdade invisível, uma promessa silenciosa de não se distanciar das dificuldades que haviam moldado sua família.

Essa revelação foi ao mesmo tempo libertadora e desafiadora. Marina sentiu um peso se levantar ao entender que muitos de seus comportamentos não eram falhas pessoais, mas respostas a uma dinâmica emocional maior. No entanto, ela também percebeu que precisava trabalhar para redefinir sua relação com essas histórias familiares. Durante sessões subsequentes, ela começou a explorar maneiras de honrar seus avós sem perpetuar o sofrimento deles em sua própria vida.

Um dos primeiros passos de Marina foi reconhecer e validar os sacrifícios que seus avós haviam feito. Em um exercício simbólico, ela escreveu uma carta para eles, expressando gratidão por tudo o que haviam enfrentado e reconhecendo como suas lutas haviam pavimentado o caminho para as oportunidades que ela agora tinha. Marina leu essa carta em voz alta durante uma sessão de terapia, como um ato de afirmação. Esse momento foi profundamente emocional, permitindo-lhe sentir uma conexão genuína com sua história familiar enquanto afirmava sua intenção de viver de forma diferente.

Marina também começou a identificar e desafiar as crenças que havia internalizado ao longo do tempo. Por exemplo, a ideia de que sucesso só era válido se fosse alcançado com sofrimento constante estava profundamente enraizada. Ela percebeu que essa crença a impedia de aceitar suas realizações e de buscar a felicidade sem culpa. Trabalhando com sua terapeuta, Marina começou a reformular essa narrativa, permitindo-se acreditar que era possível honrar sua família ao aproveitar plenamente as oportunidades que eles haviam criado.

Outro aspecto importante do processo de Marina foi aprender a diferenciar entre suas responsabilidades e as responsabilidades dos outros. Ela se deu conta de que carregava a dor de seus avós como se fosse sua própria, mas essa dor não era dela para resolver. Essa separação foi um passo fundamental para liberar o peso emocional que vinha carregando. Em vez de se sentir responsável por continuar o legado de sacrifício, Marina escolheu focar em como poderia usar sua liberdade e privilégios para criar algo significativo e positivo em sua vida.

Com o tempo, Marina começou a notar mudanças em seus padrões de comportamento. No trabalho, ela passou a se comprometer plenamente com seus projetos, permitindo-se celebrar suas conquistas sem o peso da culpa. Em seus relacionamentos, começou a abordar suas inseguranças com mais abertura e coragem, permitindo-se confiar nos outros e investir emocionalmente nas conexões que estava construindo. Esses avanços não aconteceram da noite para o dia, mas cada pequena vitória reforçava sua determinação de viver de acordo com seus próprios valores e desejos.

A jornada de Marina também teve um impacto positivo em sua família. Ao compartilhar suas descobertas com seus pais e irmãos, ela abriu espaço para conversas sobre como todos eles haviam sido influenciados pelas histórias e crenças transmitidas pelos avós. Essas conversas criaram um senso renovado de conexão e compreensão dentro da família, permitindo que todos começassem a reavaliar suas próprias relações com essas lealdades invisíveis. Marina sentiu que, ao fazer esse trabalho, estava não apenas transformando sua vida, mas também ajudando a criar um ambiente mais saudável e equilibrado para as gerações futuras.

Revelar e confrontar lealdades invisíveis não é um processo fácil. Essas dinâmicas estão profundamente enraizadas e muitas vezes operam fora de nossa consciência. No entanto, quando trazidas à luz, oferecem uma oportunidade poderosa de cura e crescimento. A história de Marina mostra que, ao explorar essas conexões com coragem e compaixão, é possível transformar padrões que antes pareciam intransponíveis.

O trabalho de Marina não foi sobre rejeitar sua história ou suas origens, mas sobre encontrar uma maneira de honrá-las sem se prender a elas. Ao fazer isso, ela encontrou liberdade para viver de forma autêntica, respeitando o passado enquanto abraçava o futuro. Sua jornada é um lembrete de que, ao enfrentar as lealdades invisíveis que nos moldam, podemos encontrar uma nova clareza e força para criar vidas alinhadas com quem realmente somos.

Capítulo 47
Aplicação das Técnicas

A aplicação prática de técnicas para lidar com a ansiedade e transformar emoções é um dos passos mais importantes no processo de cura e autoconhecimento. Identificar estratégias e colocá-las em prática requer paciência, consistência e uma disposição para experimentar e adaptar-se às necessidades pessoais. Quando aplicadas com intenção, essas técnicas podem não apenas aliviar os sintomas da ansiedade, mas também criar uma base sólida para um bem-estar emocional duradouro. Este capítulo explora como diferentes ferramentas podem ser integradas à rotina de uma pessoa, transformando seu impacto de forma concreta.

Gabriel, um professor de 40 anos, enfrentava uma ansiedade constante que interferia em sua capacidade de aproveitar a vida. Seu trabalho exigia que ele se apresentasse frequentemente diante de grandes grupos, algo que ele realizava com aparente tranquilidade, mas que o deixava emocionalmente exausto. Além disso, Gabriel costumava adiar decisões importantes, como mudanças em sua carreira ou em sua vida pessoal, por medo de falhar ou de tomar a decisão errada. Essas escolhas acumuladas alimentavam um ciclo de estresse e insatisfação.

Quando Gabriel decidiu buscar ajuda, seu terapeuta sugeriu que ele experimentasse diferentes técnicas para gerenciar sua ansiedade e reconectar-se com suas emoções. No início, Gabriel hesitou. Ele acreditava que o problema era grande demais para ser resolvido com "pequenos truques". Contudo, ele também sabia que precisava tentar algo diferente, pois sua abordagem atual não estava funcionando. Assim, com relutância, começou a experimentar práticas que poderiam ajudá-lo a enfrentar suas emoções de forma mais construtiva.

Uma das primeiras técnicas que Gabriel adotou foi a prática de respiração consciente. Seu terapeuta explicou que a respiração é uma ponte entre o corpo e a mente e que, ao aprender a controlá-la, Gabriel poderia começar a regular suas respostas emocionais. Ele começou com um exercício simples, reservando cinco minutos por dia para inspirar profundamente por quatro segundos, segurar o ar por quatro segundos e expirar lentamente pelo mesmo período. No início, a prática parecia estranha e desconfortável, mas, com o tempo, Gabriel percebeu que isso o ajudava a se sentir mais calmo, especialmente antes de situações estressantes, como uma apresentação importante ou uma reunião.

Outra técnica que Gabriel começou a explorar foi o mindfulness, ou atenção plena. Ele descobriu que sua mente frequentemente vagava para cenários futuros catastróficos ou revivia eventos passados, criando um ciclo de ansiedade constante. O mindfulness o ensinou a trazer sua atenção para o momento presente, observando seus pensamentos e emoções sem julgamento. Gabriel começou a integrar a atenção plena em atividades simples, como tomar um café ou caminhar pelo bairro. Essa prática ajudou-o a perceber como sua mente operava e a cultivar uma maior sensação de controle sobre seus pensamentos.

Além disso, Gabriel começou a usar afirmações positivas como uma maneira de reprogramar os padrões de pensamento negativo que haviam se tornado automáticos. Ele criou uma lista de afirmações que ressoavam com seus objetivos e valores, como "Eu sou capaz de enfrentar desafios com confiança" e "Eu mereço cuidar de mim mesmo". Ele repetia essas frases todos os dias, muitas vezes em frente ao espelho, para reforçar essas mensagens em sua mente. Embora inicialmente cético sobre a eficácia das afirmações, Gabriel notou que, com o tempo, elas começaram a influenciar a maneira como ele se via e abordava os desafios.

Gabriel também explorou a meditação guiada, uma prática que combinava os benefícios do mindfulness com a orientação de um facilitador. Ele encontrou gravações que o guiavam através de visualizações destinadas a reduzir a ansiedade e promover uma sensação de relaxamento profundo. Uma das meditações favoritas de Gabriel era centrada em criar um "espaço seguro" em sua mente, onde ele podia se refugiar sempre que se sentisse sobrecarregado. Essa prática se tornou uma ferramenta indispensável, ajudando-o a encontrar calma e clareza em momentos de estresse.

Outra técnica que Gabriel incorporou foi o journaling, ou diário reflexivo. Escrever sobre suas emoções e experiências tornou-se uma maneira poderosa de processar o que ele estava sentindo e identificar padrões em seus pensamentos. Gabriel começou a usar o diário não apenas para desabafar, mas também para reconhecer suas conquistas e refletir sobre os momentos em que enfrentava a ansiedade com sucesso. Esse hábito de escrita lhe proporcionou uma perspectiva mais equilibrada e o ajudou a se conectar com seus progressos.

No trabalho, Gabriel começou a aplicar técnicas de planejamento e priorização que reduziram sua sobrecarga mental. Ele usava listas de tarefas para organizar seu dia e se concentrava em concluir uma coisa de cada vez, em vez de tentar lidar com tudo ao mesmo tempo. Ele também aprendeu a estabelecer limites mais claros, dizendo "não" a responsabilidades que não podia assumir. Isso não apenas reduziu seu nível de estresse, mas também melhorou sua produtividade e satisfação no trabalho.

Gabriel também decidiu enfrentar um de seus maiores medos: tomar decisões importantes sem hesitar indefinidamente. Usando uma técnica chamada "tomada de decisão consciente", ele começou a definir prazos para si mesmo, estabelecendo critérios claros para suas escolhas e confiando mais em sua intuição. Por exemplo, ao considerar se deveria buscar uma oportunidade de trabalho em outra cidade, ele anotou os prós e contras e, em vez de adiar a decisão, comprometeu-se a tomar uma decisão dentro de uma semana. Embora o processo fosse desconfortável no início, Gabriel percebeu que enfrentar essas decisões era menos assustador do que havia imaginado.

Ao longo de sua jornada, Gabriel também encontrou força na prática de gratidão. Ele reservava alguns minutos todas as noites para refletir sobre três coisas pelas quais era grato naquele dia. Isso o ajudou a mudar o foco de seus pensamentos, reduzindo a tendência de se concentrar apenas no que estava errado. Com o tempo, a gratidão tornou-se um hábito que nutria um senso de contentamento e apreciação pela vida.

Gabriel também começou a buscar apoio em sua rede social. Em vez de lidar com tudo sozinho, ele compartilhou seus desafios com amigos e familiares, que ofereceram perspectivas encorajadoras e apoio prático. Ele percebeu que se abrir para os outros não o tornava vulnerável, mas fortalecia suas conexões e lhe dava acesso a recursos emocionais que ele não tinha explorado antes.

À medida que Gabriel continuava a aplicar essas técnicas, ele começou a notar mudanças tangíveis em sua vida. Suas respostas emocionais tornaram-se mais equilibradas, ele se sentia mais confiante em enfrentar desafios e sua ansiedade começou a perder a força que tinha antes. Ele também percebeu que essas práticas não apenas aliviavam os sintomas imediatos, mas também criavam um senso geral de bem-estar e resiliência.

Gabriel aprendeu que a aplicação de técnicas para gerenciar a ansiedade não é uma solução única ou definitiva. É um processo dinâmico, que requer experimentação, adaptação e paciência. Algumas técnicas ressoaram profundamente com ele, enquanto outras precisaram ser ajustadas ou substituídas por abordagens diferentes. O importante foi sua disposição de continuar tentando, mesmo quando os resultados não eram imediatos.

A história de Gabriel demonstra que enfrentar a ansiedade não é apenas uma questão de "superar" algo, mas de construir uma vida que incorpore práticas saudáveis e sustentáveis. Cada técnica que ele aplicou o ajudou a desenvolver habilidades que agora fazem parte de sua rotina, permitindo que ele enfrente a vida com mais equilíbrio e confiança. Sua jornada é um exemplo inspirador de como a aplicação consistente de ferramentas práticas pode transformar não apenas a relação com a ansiedade, mas a qualidade de vida como um todo.

Capítulo 48
A Força do Perdão

O perdão é uma das forças mais transformadoras que podemos cultivar ao longo da vida. Ele não é apenas um ato de libertar o outro, mas uma forma profunda de nos libertarmos de fardos emocionais que carregamos. Muitas vezes, a dificuldade em perdoar está enraizada em mágoas passadas que moldam nossa visão de nós mesmos e de nossos relacionamentos. O perdão, no entanto, não é um processo simples ou imediato. Ele exige coragem, reflexão e uma disposição para enfrentar as camadas de dor, raiva ou tristeza que frequentemente o acompanham. É por meio desse processo que encontramos liberdade e paz interior.

Isabela, uma mulher de 46 anos, sabia que sua dificuldade em perdoar estava impactando sua vida de maneira significativa. Ela havia rompido relações com sua irmã mais nova há mais de uma década, após uma série de conflitos familiares relacionados à partilha de bens após a morte de seus pais. Durante anos, Isabela manteve um ressentimento silencioso, convencida de que sua irmã havia sido egoísta e injusta. Esse sentimento, embora aparentemente contido, manifestava-se em outros aspectos de sua vida. Ela tinha dificuldade em confiar em amigos e colegas e frequentemente se sentia isolada, mesmo em meio a grupos sociais. Sua ansiedade se intensificava sempre que o tema "família" surgia em conversas, revelando que o conflito ainda ocupava um espaço significativo em sua mente.

Quando Isabela buscou terapia, ela inicialmente resistiu à ideia de explorar a questão do perdão. Para ela, perdoar significava minimizar ou justificar as ações de sua irmã, algo que ela não estava disposta a fazer. No entanto, à medida que as sessões avançaram, Isabela começou a perceber que o peso do ressentimento não estava afetando apenas sua relação com a irmã, mas também sua própria qualidade de vida. Sua terapeuta a incentivou a considerar o perdão não como um favor à irmã, mas como um presente para si mesma, uma maneira de aliviar o fardo emocional que ela carregava há anos.

O primeiro passo de Isabela foi reconhecer a dor que estava por trás de sua raiva. Durante uma sessão particularmente reveladora, ela compartilhou como havia se sentido desvalorizada e excluída durante os conflitos com sua irmã. Era mais do que a questão material; tratava-se de uma sensação de perda de conexão e respeito em uma relação que antes era próxima. Ao identificar essa camada mais profunda de dor, Isabela começou a perceber que sua raiva era, na verdade, uma tentativa de proteger-se de uma vulnerabilidade que ela não sabia como lidar.

A prática de escrever foi uma ferramenta poderosa no processo de Isabela. Sua terapeuta sugeriu que ela escrevesse uma carta para sua irmã, sem a intenção de enviá-la. Nessa carta, Isabela expressou tudo o que havia guardado por anos — sua raiva, tristeza e decepção, mas também suas saudades e os momentos felizes que haviam compartilhado antes do conflito. Escrever essa carta foi um ato de liberação emocional, permitindo que Isabela articulasse sentimentos que antes estavam confusos e reprimidos. Ao reler a carta, ela percebeu que, embora ainda houvesse dor, também havia um desejo de reconciliação que ela não havia reconhecido antes.

O perdão, no entanto, não aconteceu de forma instantânea. Isabela enfrentou momentos de resistência, especialmente quando se deparava com memórias de eventos que reforçavam sua sensação de injustiça. Durante essas fases, sua terapeuta a encorajou a praticar a autocompaixão. Isabela começou a entender que perdoar não significava esquecer ou negar o impacto das ações de sua irmã, mas sim escolher liberar o controle que essas memórias tinham sobre sua vida. Esse processo foi um aprendizado constante, e Isabela precisou de tempo para integrar essa nova perspectiva.

Um momento transformador ocorreu quando Isabela participou de uma sessão de constelação familiar. Durante a dinâmica, ela percebeu que o conflito com sua irmã estava ligado a padrões familiares mais amplos de rivalidade e competição, que haviam se manifestado em gerações anteriores. Esse insight trouxe um senso de contexto para sua experiência, ajudando-a a ver que, embora a dor fosse real, ela também fazia parte de uma dinâmica maior que não estava inteiramente sob seu controle. Esse reconhecimento a ajudou a separar sua identidade pessoal do conflito, criando espaço para que ela começasse a liberar o ressentimento que a mantinha presa.

A prática de meditação também desempenhou um papel importante na jornada de Isabela. Ela começou a dedicar alguns minutos por dia para se concentrar em sentimentos de compaixão e perdão, não apenas em relação à sua irmã, mas também a si mesma. Em uma das meditações guiadas que experimentou, Isabela foi convidada a visualizar sua irmã como uma criança pequena, vulnerável e cheia de esperanças e medos. Essa prática despertou nela uma empatia inesperada, permitindo que visse sua irmã não apenas pelas ações do passado, mas como um ser humano imperfeito, assim como ela mesma.

Ao longo do tempo, Isabela começou a notar mudanças em sua vida. Ela sentia-se mais leve, menos consumida por pensamentos recorrentes sobre o conflito. Sua ansiedade, que antes surgia em momentos de interação social, começou a diminuir, e ela encontrou-se mais aberta a construir novas conexões. O perdão, embora ainda um trabalho em andamento, já estava transformando sua maneira de viver e se relacionar com os outros.

Isabela tomou a decisão de entrar em contato com sua irmã. Não sabia exatamente o que esperar, mas sentiu que estava pronta para dar esse passo. A conversa inicial foi hesitante, marcada por silêncios e incertezas, mas também por uma disposição mútua de ouvir. Ambas reconheceram a dor que haviam sentido e expressaram um desejo de reconstruir a relação, mesmo que de forma gradual. Para Isabela, esse momento não apagou o passado, mas trouxe uma sensação de encerramento e um novo começo.

O processo de perdão de Isabela mostra que o perdão não é um ponto final, mas uma jornada contínua. Ele exige paciência, trabalho interno e, muitas vezes, a disposição de revisitar emoções dolorosas para transformá-las em aprendizado e crescimento. A experiência de Isabela também destaca que o perdão não depende do outro; é uma escolha que fazemos por nós mesmos, uma forma de libertar nossa mente e coração das correntes do passado.

Ao praticar o perdão, Isabela encontrou uma nova maneira de viver, marcada por maior paz e autenticidade. Ela percebeu que o perdão não era um sinal de fraqueza, mas de força, um ato de coragem que a permitiu recuperar o controle sobre sua vida emocional. Sua jornada é um lembrete de que o perdão, embora desafiador, é uma das forças mais poderosas para transformar dor em liberdade e reconexão.

Capítulo 49
Transformação Duradoura

A transformação duradoura é um processo que vai além de mudanças momentâneas ou paliativas. Ela exige comprometimento, paciência e um desejo profundo de criar uma vida alinhada com a autenticidade e o bem-estar. A verdadeira transformação não é algo que acontece de forma abrupta, mas um caminho gradual de autodescoberta, onde pequenos passos, repetidos consistentemente, levam a uma mudança significativa e sustentável. Esse capítulo explora como integrar essas mudanças na vida cotidiana, consolidando os aprendizados para que se tornem parte intrínseca da pessoa que você está se tornando.

A história de Eduardo é um exemplo de como a transformação duradoura pode ser alcançada. Aos 50 anos, Eduardo sentia-se preso em um ciclo de insatisfação e autopunição. Embora tivesse uma carreira bem-sucedida, um casamento estável e filhos saudáveis, ele carregava uma sensação de vazio que não conseguia explicar. Eduardo descrevia sua vida como uma sequência de metas atingidas que, em vez de trazer satisfação, apenas ampliavam o buraco emocional que sentia. Ele percebia que algo estava faltando, mas não sabia como começar a mudar.

Quando Eduardo iniciou sua jornada de transformação, ele enfrentou uma resistência interna significativa. Havia uma parte dele que temia que olhar para dentro significasse desenterrar emoções que ele não estava preparado para enfrentar. Essa resistência é comum no início de qualquer processo de mudança. Muitas vezes, a mente tenta proteger-nos do desconforto, mas ao mesmo tempo nos impede de alcançar uma cura mais profunda.

Eduardo reconheceu essa resistência e, com o apoio de um terapeuta, começou a explorar o que estava por trás dela.

Uma das primeiras descobertas de Eduardo foi a percepção de que sua vida havia sido moldada por expectativas externas. Desde cedo, ele havia internalizado a ideia de que precisava provar seu valor por meio de realizações tangíveis, como promoções no trabalho ou o status social de sua família. Essa busca incessante por validação externa o havia desconectado de suas necessidades e desejos mais genuínos. Eduardo percebeu que sua insatisfação não era resultado de falhas pessoais, mas da falta de alinhamento entre sua vida e seus valores autênticos.

Com esse insight, Eduardo começou a trabalhar na construção de uma base mais sólida para sua transformação. Ele dedicou tempo para identificar o que realmente importava para ele. Isso incluiu explorar seus valores centrais, como integridade, conexão e contribuição. Ao reconhecer esses valores, Eduardo começou a perceber que muitas de suas escolhas anteriores haviam sido guiadas por expectativas externas, em vez de suas próprias convicções. Esse reconhecimento foi um marco, permitindo que ele começasse a fazer escolhas mais conscientes e alinhadas com quem ele realmente era.

Uma das áreas onde Eduardo começou a implementar mudanças foi em seus relacionamentos. Ele percebeu que, por anos, havia mantido barreiras emocionais que o impediam de se conectar verdadeiramente com sua esposa e filhos. Eduardo sempre havia sido o provedor da família, mas raramente se permitia ser vulnerável ou compartilhar seus próprios sentimentos. Ele começou a praticar a abertura emocional, expressando suas preocupações, esperanças e medos de maneira mais honesta. Embora inicialmente desconfortável, essa prática começou a transformar seus relacionamentos, criando um senso de intimidade e compreensão que antes estava ausente.

Eduardo também começou a revisar sua relação com o trabalho. Ele percebeu que sua dedicação ao trabalho era, em parte, uma tentativa de escapar de suas emoções. Passava longas horas no escritório não apenas por ambição, mas porque temia confrontar o vazio que sentia em outros aspectos de sua vida. Com o tempo, ele começou a estabelecer limites mais saudáveis, delegando tarefas e priorizando seu tempo fora do trabalho. Isso permitiu que ele explorasse hobbies e interesses que havia negligenciado por anos, como fotografia e viagens. Essas atividades trouxeram um senso renovado de propósito e alegria à sua vida.

Outro aspecto fundamental da transformação de Eduardo foi aprender a praticar o autocuidado de maneira consistente. Ele sempre havia visto o autocuidado como algo secundário ou indulgente, mas começou a entender que era uma parte essencial de sua jornada. Isso incluiu cuidar de sua saúde física por meio de exercícios regulares e alimentação equilibrada, bem como reservar tempo para o descanso e a reflexão. Eduardo também começou a explorar práticas como meditação e yoga, que o ajudaram a cultivar a calma e a clareza mental.

Durante sua jornada, Eduardo enfrentou momentos de dúvida e retrocesso. Havia dias em que ele se sentia tentado a voltar aos antigos padrões, como se sobrecarregar no trabalho ou evitar conversas difíceis. No entanto, ele começou a ver esses momentos não como falhas, mas como oportunidades de aprendizado. Eduardo desenvolveu a habilidade de refletir sobre o que o havia desencadeado a retornar a esses padrões e de usar essas reflexões para ajustar suas estratégias. Essa abordagem o ajudou a construir resiliência, tornando cada desafio uma parte valiosa de sua transformação.

Eduardo também descobriu a importância de celebrar suas conquistas ao longo do caminho. Ele percebeu que, ao reconhecer e valorizar os pequenos passos que dava, reforçava sua motivação para continuar. Antes, ele havia sido crítico consigo mesmo, acreditando que nada era suficiente. Agora, ele se permitia sentir orgulho por suas escolhas e progressos, mesmo que fossem aparentemente simples, como reservar tempo para um jantar em família ou completar uma semana sem trabalhar além do necessário.

Outro aspecto importante foi a reconexão com sua comunidade. Eduardo começou a se envolver em iniciativas que tinham significado para ele, como programas de mentoria para jovens profissionais e atividades voluntárias em sua comunidade local. Isso lhe proporcionou um senso de pertencimento e propósito que antes faltava em sua vida. Ele percebeu que sua transformação não era apenas sobre ele, mas também sobre como poderia impactar positivamente aqueles ao seu redor.

Com o passar do tempo, Eduardo começou a notar uma mudança profunda em sua maneira de viver. Ele não era mais consumido pela necessidade de provar seu valor ou pela sensação de vazio que antes o perseguia. Em vez disso, ele sentia uma conexão mais profunda consigo mesmo e com o mundo ao seu redor. Sua vida tornou-se mais rica e significativa, não por causa de grandes conquistas, mas por causa do alinhamento entre seus valores e suas ações.

A história de Eduardo mostra que a transformação duradoura não é um evento único, mas um compromisso contínuo de viver de maneira consciente e intencional. Ela exige disposição para enfrentar verdades difíceis, para desaprender padrões antigos e para adotar práticas que sustentem o bem-estar. A transformação é construída sobre pequenos passos, repetidos com consistência e com um senso renovado de propósito.

Ao longo de sua jornada, Eduardo aprendeu que a verdadeira mudança vem de dentro. Não é algo que pode ser imposto ou apressado, mas algo que se desenvolve naturalmente quando nos permitimos ser autênticos e viver de acordo com o que realmente importa para nós. Sua história é um lembrete poderoso de que a transformação não é apenas possível, mas profundamente recompensadora, trazendo não apenas alívio, mas também alegria, significado e conexão.

Capítulo 50
Sua Jornada de Cura

A jornada de cura é, em sua essência, uma caminhada profundamente pessoal, única e transformadora. Cada indivíduo percorre esse caminho de forma diferente, guiado pelas próprias experiências, emoções e aprendizados. Não há um roteiro universal que se aplique a todos, mas há algo comum a todas as jornadas: a coragem de enfrentar a si mesmo, de encarar o que foi evitado e de abrir espaço para uma vida mais autêntica e significativa. No entanto, a jornada de cura não tem um ponto final; ela é um processo contínuo, uma escolha diária de priorizar o crescimento e o bem-estar.

Sara, aos 29 anos, encontrou-se no início de sua própria jornada de cura após um colapso emocional que a deixou sentindo-se perdida e desconectada de si mesma. Ela havia enfrentado anos de ansiedade debilitante, disfarçada por uma rotina que parecia funcional aos olhos de quem a conhecia. Trabalhando como designer em uma empresa prestigiada, ela era reconhecida por sua criatividade e dedicação, mas a realidade interna de Sara era muito diferente do que mostrava ao mundo. Sua ansiedade a deixava exausta, tirando-lhe a capacidade de sentir alegria ou até mesmo alívio nos momentos de descanso.

Para Sara, o colapso emocional foi o ponto de virada. Após semanas ignorando os sinais de alerta, ela finalmente reconheceu que não poderia continuar no mesmo ritmo. Um ataque de pânico em meio a uma apresentação importante no trabalho foi o estopim que a levou a buscar ajuda profissional. Durante sua primeira sessão de terapia, Sara admitiu que sentia medo, vergonha e uma sensação de fracasso por não conseguir "dar conta de tudo". No entanto, foi nesse mesmo momento que ela deu o primeiro passo em sua jornada: aceitar que precisava de apoio e que merecia cuidar de si mesma.

Os primeiros meses de sua jornada foram dedicados a compreender suas emoções. Sara começou a perceber que havia carregado anos de expectativas irreais e autocríticas severas. Crescendo em uma família que valorizava realizações e perfeccionismo, Sara internalizou a ideia de que precisava ser impecável em tudo o que fazia. Isso a levava a negligenciar suas próprias necessidades em favor de atender às demandas dos outros. Sua terapeuta a ajudou a explorar como essas crenças haviam moldado suas escolhas e comportamentos, criando um espaço seguro para questioná-las.

Um dos momentos mais marcantes para Sara foi quando ela começou a praticar a autocompaixão. Durante um exercício terapêutico, foi incentivada a falar consigo mesma como falaria com um amigo querido em um momento de dificuldade. Ao ouvir suas próprias palavras, ela percebeu o quão dura e implacável era consigo mesma. Esse insight foi revelador, mas também doloroso. Pela primeira vez, Sara começou a entender que seu sofrimento não vinha apenas das pressões externas, mas também da forma como ela lidava consigo mesma.

Com o tempo, Sara aprendeu a criar pequenos rituais que a ajudavam a reconectar-se com suas emoções e a encontrar momentos de calma em sua rotina. Ela começou a reservar 15 minutos todas as manhãs para meditar, um hábito que inicialmente parecia desafiador, mas que logo se tornou uma fonte de conforto. Esses momentos silenciosos permitiram que ela observasse seus pensamentos sem se identificar completamente com eles. Sara começou a perceber que sua ansiedade não era algo que precisava controlar a todo custo, mas algo que podia compreender e acolher.

Outro aspecto importante de sua jornada foi o trabalho com suas relações interpessoais. Sara percebeu que, em muitos de seus relacionamentos, ela assumia o papel de cuidadora, colocando as necessidades dos outros acima das suas. Isso a deixava exausta e, muitas vezes, ressentida. Ao explorar essas dinâmicas, ela começou a estabelecer limites mais claros e a priorizar conexões que fossem mutuamente benéficas. Embora essa mudança tenha sido desafiadora no início, Sara logo notou que seus relacionamentos se tornaram mais autênticos e satisfatórios.

Ao longo do tempo, Sara começou a explorar atividades que despertavam sua criatividade e alegria. Ela retomou o hábito de pintar, algo que havia abandonado anos antes por achar que não tinha tempo. A pintura tornou-se uma forma de expressão que a ajudava a processar suas emoções e a redescobrir uma sensação de leveza. Esse simples ato de criar sem a pressão de atingir um padrão ou objetivo específico trouxe uma nova camada de significado à sua vida.

A jornada de Sara também incluiu momentos de retrocesso, onde ela sentia que estava voltando aos antigos padrões de ansiedade e autocrítica. Durante esses períodos, ela aprendeu a ser paciente consigo mesma e a ver esses momentos não como falhas, mas como parte do processo de aprendizado. Cada retrocesso era uma oportunidade de aplicar o que havia aprendido e de fortalecer sua resiliência.

Com o passar dos meses, Sara começou a notar mudanças significativas em como experimentava a vida. Ela não apenas lidava melhor com os desafios, mas também começava a apreciar os momentos simples do dia a dia, algo que antes parecia fora de alcance. Sua ansiedade, embora ainda presente em alguns momentos, tornou-se uma companheira que ela sabia como acolher, em vez de temer. A transformação que Sara experimentou foi profunda, mas também resultado de pequenos passos dados com consistência e intenção.

Ao refletir sobre sua jornada, Sara percebeu que o caminho da cura não era sobre se tornar uma versão perfeita de si mesma, mas sobre abraçar quem ela era, com todas as suas complexidades e imperfeições. Essa aceitação trouxe uma sensação de paz que ela nunca havia experimentado antes. Ela entendeu que a cura não é um destino, mas uma forma de viver, um compromisso contínuo de cuidar de si mesma e de priorizar o que realmente importa.

A jornada de cura de Sara não foi apenas um processo interno; ela também impactou aqueles ao seu redor. Sua disposição de enfrentar suas emoções e de viver de maneira mais autêntica inspirou amigos e familiares a refletirem sobre suas próprias vidas. Sara percebeu que sua jornada não era apenas sobre encontrar alívio para sua ansiedade, mas também sobre criar um impacto positivo no mundo ao seu redor.

Sua história é um lembrete poderoso de que a cura é possível, mesmo quando parece fora de alcance. É um caminho que exige coragem, mas que também recompensa com uma vida mais plena e significativa. Cada passo dado na jornada de cura é uma escolha de honrar a si mesmo, de enfrentar os desafios com coragem e de celebrar as vitórias, por menores que sejam.

Ao final de sua jornada, Sara continuou caminhando, sabendo que a cura não tem fim. Ela escolheu ver sua jornada não como algo que precisava ser concluído, mas como uma parte essencial de sua vida. Sua história é um convite para todos que buscam sua própria cura: um convite para começar, continuar e confiar no processo. É um testemunho de que, com tempo, intenção e amor por si mesmo, é possível transformar não apenas a relação com a ansiedade, mas também a maneira como vivemos e nos conectamos com o mundo.

Epílogo

Chegamos ao fim desta jornada escrita, mas não ao fim de seu caminho. Porque o que foi revelado aqui não é uma conclusão; é um início. As emoções que antes pareciam sombras opressivas podem agora ser vistas sob uma nova luz, como partes essenciais da complexidade que o torna humano.

A ansiedade, que tantas vezes carregou como um fardo, talvez já não tenha o mesmo peso. Ela não desapareceu — e talvez nunca desapareça completamente —, mas mudou de forma. Deixou de ser um inimigo para se tornar uma mensageira, uma aliada que aponta para onde você precisa olhar. Você aprendeu a reconhecer os sussurros do medo, a entender a tristeza oculta, a acolher a raiva como uma força transformadora e a liberar-se das culpas e lealdades que não lhe pertenciam.

Este livro não buscou consertá-lo, porque você nunca esteve quebrado. Ele mostrou que o caminho da cura não é sobre eliminar partes suas, mas integrá-las. É sobre reconhecer que cada emoção que carrega é uma parte legítima de sua história, e que até mesmo o desconforto carrega em si a semente do aprendizado e da transformação.

O que você fará com esse conhecimento é o próximo capítulo, aquele que só você pode escrever. Talvez comece com pequenos passos: um momento de pausa para respirar quando a mente tentar correr; um olhar mais compassivo para si mesmo quando a crítica interna surgir. Ou talvez seja algo maior, como revisitar suas raízes familiares, confrontar as lealdades invisíveis que o prenderam ou redefinir o que significa viver em equilíbrio.

Lembre-se de que cada passo, por menor que pareça, é um movimento em direção à liberdade. E liberdade não é ausência de medo ou ansiedade; é a capacidade de viver plenamente apesar deles. É reconhecer que você tem escolha, que pode construir uma nova relação com suas emoções e que o poder de transformar sua experiência está sempre dentro de você.

Ao fechar este livro, leve consigo não apenas as palavras, mas o espírito de exploração que ele despertou. Continue perguntando, sentindo, buscando. Porque a verdadeira jornada não termina quando as páginas acabam. Ela se desdobra em cada momento de sua vida, em cada encontro consigo mesmo e com os outros.

Você não está sozinho. As mesmas forças que às vezes o desafiam também sustentam sua conexão com todos ao seu redor. E ao transformar sua relação com suas emoções, você contribui para um mundo onde o medo, a ansiedade e a vulnerabilidade podem ser vividos com mais compaixão e autenticidade.

Este é o seu início. Vá em frente, com coragem e leveza. O caminho está aberto, e você está mais preparado do que imagina para trilhá-lo.

www.ingramcontent.com/pod-product-compliance
Lightning Source LLC
LaVergne TN
LVHW040049080526
838202LV00045B/3556